ESSENTIAL
FRENCH VERBS
Your Guide
Second edition

Val Levick

Glenise Radford

Alasdair McKeane

HOW TO USE THIS BOOK

The verbs included in this book are those which students will meet and need to know, or at least recognise.

The book is divided into six sections:

Section 1 (pages 1-11) explains **How to use French verbs**.

Section 2 (pages 12-28) deals with **Regular Verbs** and widely used "nearly regular" verbs. One example is printed out in full, followed by a list of common verbs which follow the same pattern.
There is also information about reflexive verbs.

Section 3 (pages 29-64) is an alphabetical list of common **Irregular Verbs** with the most useful forms given in full.

Section 4 (pages 65-70) is a **French-English index** of all the verbs included, together with the number of the page where you will find them.

Section 5 (pages 71-76) is an **English-French index** of all the verbs included, together with the number of the page where you will find them.

Section 6 (page 77) is a **Grammar index**.

On the last page: How to find a verb in this book

Throughout the book we have marked verbs which take **être** in the perfect and pluperfect tenses with an *.

SECTION 1 - HOW TO USE FRENCH VERBS

TENSES AND PARTS OF FRENCH VERBS

The tenses and parts of French verbs which are given in this book are those which will be of most use to students. It is not a complete list of all the tenses.

The **Infinitive** is the "name" of the verb and it is the form in which it will be found in a list of words or a dictionary:

travailler - *to work*   **finir** - *to finish*   **répondre** - *to answer*

The **Present Tense** is used for:
- events which are taking place at this moment in time
- events which take place regularly
- events in the near future which are certain
- events which started in the past but are still continuing
  J'habite Malvern depuis deux ans *I have been living in Malvern for two years*
- translating the English *am/are/is … -ing*

The present tense is formed by adding the present tense endings to the **stem**. The **stem** is the part of the infinitive which is left when the final letters have been removed. The endings vary according to which group the verb belongs to.

travaill/er   **fin/ir**   **répond/re**

The **Perfect Tense** is used
- in conversation/letters to describe an action in the past which has been completed
- for an action in the past which happened on one occasion only

It is formed by using the present tense of the auxiliary verbs **avoir** or **être** with the past participle of the verb you are using. See Past Participle, page 5.

j'ai travaillé   **je suis allé(e)**   **je me suis assis(e)**
I worked   *I went*   *I sat down*

Many verbs have irregular past participles and the common ones are included in the irregular verb tables in Section 3, pages 29-64.

Past participles of the verbs which take **avoir** do not agree with the subject of the verb: elle a **vu**, ils ont **vu**

The verbs which take **être** in the perfect tense are: – all the reflexive verbs and the following 16 common verbs:

arriver* descendre* venir* entrer* naître* tomber* retourner* devenir*
partir* monter* aller* sortir* mourir* rester* rentrer* revenir*

With these verbs the past participle changes its spelling to agree with (match) the subject of the verb. See **aller*** and **s'asseoir*** in the verb tables, pages 29 and 30. It is worth noting that some verbs can use either **avoir** or **être** (page 14).

The **Imperfect Tense** is used for
- describing events, people or feelings in the past
- talking or writing about habitual or continuous actions in the past
- talking or writing about incomplete actions in the past
- reported speech
- translating the English *was/were ... -ing*

It is formed from the **nous** form of the present tense with the imperfect endings:

-ais   -ais   -ait   -ions   -iez   -aient

nous travaillons	>	travaill + *ending*	> je travaill**ais**
nous finissons	>	finiss + *ending*	> je finiss**ais**
nous répondons	>	répond + *ending*	> je répond**ais**

The **Imperative** is used
- to give a command, to tell someone to do something, or not to do something, to give advice, or to express a wish

The **tu, nous** and **vous** forms are used as appropriate:
- **Tu** is used to one person you know well - a member of your family, a child or a pet.
- **Nous** is used to translate the English *"Let's do something, let's go somewhere"*
- **Vous** is used for one or more adults you do not know well, or for two or more people you do know well, or who are members of your family, children or pets.

For **-ir** and **-re** verbs the imperative is formed by using the **tu, nous** and **vous** forms of the present tense without the subject pronouns:

tu réponds	> **réponds!**	tu finis	> **finis!**
nous répondons	> **répondons!**	nous finissons	> **finissons!**
vous répondez	> **répondez!**	vous finissez	> **finissez!**

For **-er** verbs and **aller*** the **nous** and **vous** forms follow the same pattern. The **tu** form, however, drops the final **s**.

tu travailles	> **travaille!**	tu vas	> **va!**
nous travaillons	> **travaillons!**	nous allons	> **allons!**
vous travaillez	> **travaillez!**	vous allez	> **allez!**

Reflexive verbs have two command forms, one positive and one negative. The pronoun position and form differ, but the verb follows the usual rules.

lave-**toi**!	ne **te** lave pas!
lavons-**nous**!	ne **nous** lavons pas!
lavez-**vous**!	ne **vous** lavez pas!

The **Future Tense** is used
* to talk and write about things which will definitely happen
* to refer to events which will take place in the long term future, rather than the immediate future

It is usually formed from the infinitive of the verb with the future tense endings:

              -ai   -as -a   -ons -ez -ont

travailler   >   je travailler**ai**   finir   >   nous finir**ons**

Verbs ending in -**re** drop the final -**e** before adding the future tense endings:

    répondre   >   je répond**rai**

There are many verbs which are irregular in the future and the common ones are included in the irregular verb tables in Section 3 (pages 29-64).

The **Immediate Future Tense** corresponds to the English *I am going to ...* and is used
* to talk about events which will take place in the immediate future.

It is formed by using the present tense of **aller** as an auxiliary and the infinitive of the verb to be put into the future:

Je **vais partir** bientôt	Ils **vont arriver** aujourd'hui	Elle **va** me **téléphoner**
I'm going away soon	*They will get here today*	*She is going to phone me*

The **Conditional Tense** is used:
* to express wishes

    Je **voudrais** une pomme   *I would like an apple*

* to write and talk about things you would do if conditions were right

    S'il pleuvait je **resterais** à la maison   Nous **serions** heureux s'il nous téléphonait

    *If it rained I **would stay** at home*   *We **would be** happy if he rang us*

It is formed by using the future stem together with the imperfect endings. It is given in full wherever possible in the verb tables, but because of lack of space it may sometimes be printed as below, with the stem in italics for the **je** and **tu** forms, and the endings only for the rest of the verb:

    je m'*inquiéter*ais   tu t'*inquiéter*ais   il s'---ait   nous nous ---ions, etc.

The **Past Historic Tense** is used in books and newspapers to describe
* a completed action in the past
* a series of events in a story

The Past Historic is **never used in conversation or letters** and is increasingly being replaced in newspapers and modern novels by the less formal perfect tense. It is a tense which you will more often need to recognise rather than use and it is therefore included in the verb tables in its most common forms only, although it does actually have forms for all persons. Many common verbs are irregular in the Past Historic and need to be learned if they are to be recognised easily. The most common irregular forms are listed in the French-English index, pages 65-70.

The **Pluperfect Tense** translates the English *had seen, had gone, had sat down*, etc. It is formed by using the imperfect tense of the auxiliary **avoir** or **être** with the past participle. For rules of agreement see page 5. The pluperfect tense is not printed out in the verb tables, but will always follow one of these three patterns, depending whether the verb takes **avoir** or **être** in the perfect tense.

Verbs with avoir	Verbs with être	Reflexive Verbs
j'avais vu	j'étais allé(e)	je m'étais assis(e)
tu avais vu	tu étais allé(e)	tu t'étais assis(e)
il avait vu	il était allé	il s'était assis
elle avait vu	elle était allée	elle s'était assise
on avait vu	on était allé	on s'était assis
nous avions vu	nous étions allé(e)s	nous nous étions assis(es)
vous aviez vu	vous étiez allé(e)(s)	vous vous étiez assis(e)(es)
ils avaient vu	ils étaient allés	ils s'étaient assis
elles avaient vu	elles étaient allées	elles s'étaient assises

The key word for the English meaning in the pluperfect tense is **had**, together with the past participle. The examples above translate as follows:

*I **had** seen*	*I **had** gone*	*I **had** sat down*
*I **had** been seeing*	*I **had** been going*	*I **had** been sitting down*, etc

Remember that *have seen* and *saw* are **not** versions of the pluperfect.

The **Past Participle** is the part of a verb used with an auxiliary verb, **avoir** or **être**, to form the Perfect and Pluperfect tenses.

In English the past participle often ends in **-en -ed** or **-t**:

given, looked, bought

In French the past participle ends in **-é -i -u -s** or **-t**:

donné   fini   répondu   pris   conduit

Many verbs have irregular past participles: **devoir > dû, voir > vu, venir > venu**

When the auxiliary verb is **avoir**, the past participle is usually unchanged, but does sometimes agree with the object if the object comes before the verb in the sentence. This is the **preceding direct object** (PDO).

la pomme que j'ai cueillie	*the apple which I picked*
les garçons que j'ai vus	*the boys that I saw*
les fleurs que j'ai cueillies	*the flowers which I picked*

Agreement

When the auxiliary verb is **être**, the past participle has to change its spelling to agree with the subject of the verb.

Past participles show agreement by:

* adding **-e** to show feminine singular agreement   elle est allée
* adding **-s** to show masculine plural agreement   ils sont allés

  unless it already ends in **-s**, such as **mis, assis**, when they do not add an extra **-s**. A mixed group of plural feminine and masculine is treated as masculine plural.
* adding **-es** to show feminine plural agreement   elles sont allées

  elles sont assises

Singular or plural?

* **singular** refers to one person or thing only
* **plural** refers to two or more persons or things

Persons of the Verb

There are three persons of the verb. They are either singular or plural.

First person includes the speaker: **je, nous**

Second person is being talked to by the speaker: **tu, vous**

Third person is being talked about: **il, elle, on, ils, elles, Sam, les garçons, les filles, les garçons et les filles**

Subject or Object?

* The **subject** is the person or thing performing the action of the verb:

  elle voit le garçon (*she sees the boy*)
* The **object** of the verb is the person or thing receiving the action of the verb:

  elle voit **le garçon** (*she sees the boy*)

ENGLISH MEANINGS OF TENSES

There are more forms of each tense in English than there are in French.
Je travaille is the one and only form of the present tense in French, but there are three possible forms in English: *I work, I am working, I do work.* (For *don't*, see Negatives, page 8.) The three English forms are used in a variety of situations, whereas in French this choice of form does not exist. This is also true of many of the other tenses. As well as meaning *one*, **on** can be used for *we*, and also for *they*, when *they* are unknown people, often in authority (**on travaille dur** *we/they work hard, one works hard*).

Present Tense

je travaille	*I work, I am working, I do work*
tu travailles	*you work, you are working, you do work*
il travaille	*he works, he is working, he does work*
elle travaille	*she works, she is working, she does work*
on travaille	*one works, one is working, one does work*
nous travaillons	*we work, we are working, we do work*
vous travaillez	*you work, you are working, you do work*
ils travaillent	*they work, they are working, they do work*
elles travaillent	*they work, they are working, they do work*

Perfect Tense

j'ai travaillé	*I worked, I did work, I have worked*
tu as travaillé	*you worked, you did work, you have worked*
il a travaillé	*he worked, he did work, he has worked*
elle a travaillé	*she worked, she did work, she has worked*
on a travaillé	*one worked, one did work, one has worked*
nous avons travaillé	*we worked, we did work, we have worked*
vous avez travaillé	*you worked, you did work, you have worked*
ils ont travaillé	*they worked, they did work, they have worked*
elles ont travaillé	*they worked, they did work, they have worked*

Imperfect Tense

je travaillais	*I was working, I used to work, I worked*
tu travaillais	*you were working, you used to work, you worked*
il travaillait	*he was working, he used to work, he worked*
elle travaillait	*she was working, she used to work, she worked*
on travaillait	*one was working, one used to work, one worked*
nous travaillions	*we were working, we used to work, we worked*
vous travailliez	*you were working, you used to work, you worked*
ils travaillaient	*they were working, they used to work, they worked*
elles travaillaient	*they were working, they used to work, they worked*

How to use French verbs — English meanings of tenses

Imperative

Travaille!	*Work!*	Ne travaille pas!	*Don't work!*	(**tu** form)
Travaillons!	*Let's work!*	Ne travaillons pas!	*Let's not work!*	(**nous** form)
Travaillez!	*Work!*	Ne travaillez pas!	*Don't work!*	(**vous** form)

Future Tense

je travaillerai	*I shall/will work, I shall/will be working*
tu travailleras	*you will work, you will be working*
il travaillera	*he will work, he will be working*
elle travaillera	*she will work, she will be working*
on travaillera	*one will work, one will be working*
nous travaillerons	*we shall/will work, we shall/will be working*
vous travaillerez	*you will work, you will be working*
ils travailleront	*they will work, they will be working*
elles travailleront	*they will work, they will be working*

Conditional Tense

je travaillerais	*I would/might work, I would be working*
tu travaillerais	*you would/might work, you would be working*
il travaillerait	*he would/might work, he would be working*
elle travaillerait	*she would/might work, she would be working*
on travaillerait	*one would/might work, one would be working*
nous travaillerions	*we would/might work, we would be working*
vous travailleriez	*you would/might work, you would be working*
ils travailleraient	*they would/might work, they would be working*
elles travailleraient	*they would/might work, they would be working*

The Past Historic Tense

il/elle travailla	*he/she worked, he/she did work*
ils/elles travaillèrent	*they worked, they did work*

The Pluperfect Tense

j'avais travaillé	*I had worked, I had been working*
tu avais travaillé	*you had worked, you had been working*
il avait travaillé	*he had worked, he had been working*
elle avait travaillé	*she had worked, she had been working*
on avait travaillé	*one had worked, one had been working*
nous avions travaillé	*we had worked, we had been working*
vous aviez travaillé	*you had worked, you had been working*
ils avaient travaillé	*they had worked, they had been working*
elles avaient travaillé	*they had worked, they had been working*

NEGATIVES

Negatives are the words put with a verb to change its meaning; it then says that something will *not/never/no longer* happen.

In French, negatives usually have two parts - **ne** and another word which varies according to meaning.

ne ... pas	*not*	ne ... personne	*nobody*
ne ... jamais	*never*	ne ... que	*only*
ne ... rien	*nothing*	ne ... ni ... ni	*neither ... nor*
ne ... plus	*no longer*	ne ... nulle part	*nowhere*
		ne ... aucun(e)	*no, not one*

Word order with Negatives

- The general rule is that in simple (one-word) tenses such as the present, future and imperfect tenses **ne** comes before the verb and the **pas/jamais/plus,** etc follows.

Je **ne** regarde **pas** la télévision	*I don't watch television*
Je **ne** regarde **jamais** la télévision	*I never watch television*
Je **ne** regarde **plus** la télévision	*I don't watch television any more*

- When a negative is used with the perfect or pluperfect tense, the position of the second part of the negative varies according to which negative is being used. With **ne ... pas, ne ... jamais, ne ... rien**, and **ne ... plus** the second part of the negative comes *before* the past participle:

Je n'ai **pas** vu le film	*I did not see the film*
Je n'ai **jamais** visité la France	*I have never been to France*
Je n'ai **rien** mangé hier	*I did not eat anything yesterday*
Je n'y ai **plus** pensé	*I did not think about it any more*

But in these examples, the second part follows the past participle:

Je n'ai vu **personne**	*I didn't see anyone*
Je ne suis arrivé **que** lundi	*I only arrived on Monday*
Il n'a eu **ni** ami **ni** ennemi	*He had neither friend nor enemy*
Je ne l'ai vu **nulle part**	*I didn't see him anywhere*
Il n'a eu **aucun** problème	*He had no problem*
Il n'a eu **aucune** idée	*He had no idea*

- When a reflexive verb is negative, the reflexive pronoun follows the **ne**:

Je ne **me** lève pas tôt le matin	*I don't get up early in the morning*
Il ne **s'**est pas couché tard	*He didn't go to bed late*

QUESTION FORMS

Formation of Questions

Questions are also known as Interrogatives.
There are five ways of asking questions in French:

- In speaking, a rising tone of voice can turn a statement into a question:
  Vous aimez le fromage?
  You like cheese?

- By putting **n'est-ce pas** at the end of a sentence:
  Il fait froid, **n'est-ce pas**?   Ils sont grands, **n'est-ce pas**?
  It's cold, isn't it?   *They are tall, aren't they?*

- By writing or saying **est-ce que** or **est-ce qu'** at the beginning of the sentence:
  Est-ce que vous aimez le fromage?   **Est-ce qu'**elle aime le fromage?
  Do you like cheese?   *Does she like cheese?*

- By inverting the subject and verb:
  (When a verb is inverted, the subject is attached to its verb with a hyphen.)
  Aimes-tu le fromage?
  Do you like cheese?
  When a verb has a vowel as its ending, an extra **-t-** is needed for ease of
  pronunciation:
  Ton frère, joue**-t-il** au football?
  Does your brother play football?

- By using a question word at the beginning of the sentence and inverting the
  verb:
  Où vas-tu passer les vacances de Pâques?
  ***Where** are you going to spend the Easter holidays?*

Some common question words are:

Combien (de)?	*How much? How many?*
Comment?	*How? What? What is ... like?*
D'où?	*Where ... from?*
Pourquoi?	*Why?*
Quand?	*When?*
Qu'est-ce que?/Que?	*What?*
Quel, Quelle, Quels, Quelles?	*Which?***
Qui?	*Who?*
Quoi?	*What?*
(De quoi parles-tu?)	*(What are you talking about?)*

** These are adjectives and must agree with their noun.

TWO VERBS USED TOGETHER

In French the modal verbs **devoir, pouvoir** and **vouloir** need a second verb to follow them in the sentence. This second verb is always put in the infinitive.
When **savoir** is followed by a second verb, that verb is also put in the infinitive.

je dois **partir** — nous pouvons **partir** demain — il sait **nager** — je voudrais y **aller**
I have to leave — *we can leave tomorrow* — *he can swim* — *I'd like to go there*
il sait mon adresse
he knows my address

This rule also applies when using **aller** to form the **Immediate Future** tense.

il va **acheter** une voiture neuve   *he is going to buy a new car*

There are many other circumstances in which a second verb (in the infinitive) is required. The infinitive may either be placed straight after the first verb, or it may require **à** or **de**.
Unfortunately, there is no easy way of knowing which method is used.
The verbs just have to be learned individually with the appropriate preposition.

Some common verbs which are followed directly by an infinitive and need **no preposition** include:

adorer	elle adore danser	*she loves dancing*
aimer	il aime jouer au golf	*he loves playing golf*
compter	il compte venir bientôt	*he intends coming soon*
désirer	elle désire y aller	*she wants to go there*
détester	il déteste conduire	*he hates driving*
espérer	j'espère y aller	*I hope to go there*
il faut	il faut faire attention	*you must be careful*
penser	elle pense venir bientôt	*she intends to come soon*
préférer	je préfère y aller à pied	*I prefer to walk there*

Some common verbs which require **à** before the infinitive are:

apprendre à	j'apprends à conduire	*I am learning to drive*
commencer à	elle commence à pleurer	*she starts crying*
continuer à	tu continues à travailler	*you go on working*
demander à	il demande à sortir	*he asks to go out*
hésiter à	j'hésite à y entrer	*I hesitate to go in there*
se mettre* à	je me mets à chanter	*I begin to sing*
passer son temps à	il passe son temps à lire	*he spends his time reading*
réussir à	il a réussi à le trouver	*he succeeded in finding it*

Some common verbs which require **de** or **d'** before the infinitive are:

s'arrêter* de	il s'arrête **de** grogner	*he stops grumbling*
cesser de	elle a cessé **d'**écrire	*she has stopped writing*
décider de	elle décide **de** m'écrire	*she decides to write to me*
se dépêcher* de	je me dépêche **de** le trouver	*I hurry to find him/it*
dire de	je lui dis **de** se dépêcher	*I tell him to hurry up*
essayer de	j'ai essayé **de** te téléphoner	*I tried to phone you*
finir de	il finit **de** manger	*he finishes eating*
oublier de	j'ai oublié **de** lui écrire	*I forgot to write to her/him*
permettre de	il m'a permis **de** parler	*he allowed me to speak*
refuser de	elle a refusé **de** leur parler	*she refused to speak to them*
regretter de	je regrette **de** te dire que ...	*I am sorry to tell you that ...*

VERBS WITH AND WITHOUT PREPOSITIONS

These verbs are always followed by a preposition in French:

s'approcher* de	je m'approche **de** la maison	*I go up to the house*
s'intéresser* à	je m'intéresse **à** la musique	*I am interested in music*
jouer à (*sport*)	elle joue **au** tennis	*she plays tennis*
jouer de (*instrument*)	il joue **de** la guitare	*he plays the guitar*
penser à	je pense **à** mes amis	*I'm thinking about my friends*
penser de	Que penses-tu **de** lui?	*What do you think of him?*
ressembler à	tu ressembles **à** ton père	*you are like your father*
se souvenir* de	elle se souvient **de** ses amis	*she remembers her friends*
téléphoner à	je téléphone **à** ma mère	*I ring my mother*

No preposition is needed after these verbs in French, even though a preposition is needed in English:

attendre	j'attends le train	*I wait **for** the train*
chercher	je cherche les enfants	*I am looking **for** the children*
craindre	je crains l'avenir	*I'm afraid **of** the future*
écouter	j'écoute la radio	*I listen **to** the radio*
payer	nous payons les billets	*we pay **for** the tickets*
regarder	je regarde les animaux	*I look **at** the animals*
sentir	ça sent la lavande	*it smells **of** lavender*

SECTION 2 - REGULAR VERBS

There are three main groups of regular verbs.
Each one is known by the last two letters of its infinitive: **-er, -ir,** or **-re**
The first group is dealt with below and the second and third groups are to be found
on pages 26 and 27.

REGULAR -ER VERBS

This first group is the largest group of regular verbs and it is still growing! New
verbs which come into the language usually join this group. They all follow this
pattern:

travailler - to work		for English tense meanings see pages 6 and 7	
Impératif *Imperative*	*Présent* *Present*	*Passé composé* *Perfect*	
	je travaille	j'ai travaillé	
travaille!	tu travailles	tu as travaillé	
	il travaille	il a travaillé	
	elle travaille	elle a travaillé	
	on travaille	on a travaillé	
travaillons!	nous travaillons	nous avons travaillé	
travaillez!	vous travaillez	vous avez travaillé	
	ils travaillent	ils ont travaillé	
	elles travaillent	elles ont travaillé	
Imparfait *Imperfect*	*Futur* *Future*	*Conditionnel* *Conditional*	*Passé simple* *Past Historic*
je travaillais	je travaillerai	je *travaille*rais	
tu travaillais	tu travailleras	tu *travaille*rais	
il/elle/on travaillait	il/elle/on travaillera	il/elle/on ---ait	il/elle/on travailla
nous travaillions	nous travaillerons	nous ---ions	
vous travailliez	vous travaillerez	vous ---iez	
ils/elles travaillaient	ils/elles travailleront	ils/elles ---aient	ils/elles travaillèrent

There are literally thousands of regular **-er** verbs which follow the pattern of
travailler. For convenience the most frequently occurring ones have been divided
into lists opposite.

Very common regular -er verbs: (for meanings of verbs see **pages 65-70**)

chercher, décider, demander, détester, discuter, donner, fermer, gagner, jouer, laisser, louer, marcher, parler, penser, porter, préparer, regarder, téléphoner, toucher, trouver, visiter.

Other common regular -er verbs: (for meanings of verbs see **pages 65-70**)

bavarder, blesser, bricoler, briller, brûler, cacher, casser, causer, cesser, chanter, collectionner, coller, commander, compter, conseiller, continuer, couler, couper, coûter, crier, danser, déclarer, déjeuner, demeurer, dépenser, désirer, dessiner, deviner, dîner, durer, faxer, frapper, fréquenter, fumer, garder, glisser, goûter, grogner, laver, manquer, montrer, passer, photocopier, pleurer, plier, polluer, poser, pousser, prêter, proposer, quitter, raconter, ramasser, recycler, refuser, regretter, remarquer, remercier, rencontrer, renverser, réparer, repasser, réserver, ressembler, réveiller, rouler, sauter, sembler, sonner, télécopier, tirer, tourner, traverser, verser, voler.

Less common -er verbs: (for meanings of verbs see **pages 65-70**)

calculer, camper, communiquer, cultiver, doubler, fatiguer, gronder, guider, manifester, nommer, noter, persuader, piquer, pratiquer, présenter, protester, prouver, râler, redoubler, répliquer, respirer, rêver, rigoler, risquer, saluer, séparer, serrer, soigner, souffler, soupçonner, soupirer, supporter, supposer, surveiller, témoigner, terminer, tousser, trembler, troubler, tuer, vérifier, vider, voter.

Regular -er verbs which begin with a vowel or a silent **h** shorten **je** to **j'**.

Common regular -er verbs which begin with a vowel or silent h:
          (for meanings of verbs see **pages 65-70**)

accepter, accompagner, admirer, adorer, aider, aimer, allumer, amuser, apporter, approcher, écouter, embrasser, emporter, emprunter, enregistrer, étudier, expliquer, habiter, hésiter, imaginer, informer, inviter, oublier, utiliser.

Less common regular -er verbs which begin with a vowel or silent h:
          (for meanings of verbs see **pages 65-70**)

abandonner, abîmer, accrocher, adopter, agiter, ajouter, arracher, arrêter, assister, attraper, avaler, éclater, écraser, embarrasser, enseigner, épouser, éviter, exister, exprimer, imiter, indiquer, inventer, irriter, opposer.

Regular -er verbs with être   (for meanings of verbs see **pages 65-70**)

- The regular verbs **arriver***, **entrer***, **monter***, **rentrer***, **rester***, **retourner*** and **tomber*** follow the *travailler* pattern, but they take **être** in the perfect tense. This means that the past participle has to agree with the subject (see page 5).

il est arrivé	*but*	elle est arrivée	*he/she arrived*
ils sont entrés	*but*	elles sont entrées	*they went in*
il est monté	*but*	elle est montée	*he/she went upstairs*
ils sont rentrés	*but*	elles sont rentrées	*they went home*
il est resté	*but*	elle est restée	*he/she stayed*
ils sont retournés	*but*	elles sont retournées	*they came back*
il est tombé	*but*	elle est tombée	*he/she fell*

monter* - to go up   for English tense meanings see pages 6 and 7

Impératif / Imperative	*Présent* / Present	*Passé composé* / Perfect	
	je monte	je suis monté(e)	
monte!	tu montes	tu es monté(e)	
	il monte	il est monté	
	elle monte	elle est montée	
	on monte	on est monté	
montons!	nous montons	nous sommes monté(e)s	
montez!	vous montez	vous êtes monté(e)(s)	
	ils montent	ils sont montés	
	elles montent	elles sont montées	

Imparfait / Imperfect	*Futur* / Future	*Conditionnel* / Conditional	*Passé simple* / Past Historic
je montais	je monterai	je *monter*ais	
tu montais	tu monteras	tu *monter*ais	
il/elle/on montait	il/elle/on montera	il/elle/on ---ait	il/elle/on monta
nous montions	nous monterons	nous ---ions	
vous montiez	vous monterez	vous ---iez	
ils/elles montaient	ils/elles monteront	ils/elles ---aient	ils/elles montèrent

However, **monter**, **rentrer** and **retourner** will take **avoir** if they have a direct object. In this situation the verb behaves like any other verb taking **avoir**.

il/elle/on **a** monté la valise	*he/she/they carried the case upstairs*
ils/elles **ont** monté les valises	*they carried the cases upstairs*
il/elle/on **a** rentré les provisions	*he/she/they brought the groceries in*
ils/elles **ont** rentré les provisions	*they brought the groceries in*
il/elle/on **a** retourné le questionnaire	*he/she/they sent back the questionnaire*
ils/elles **ont** retourné le questionnaire	*they sent back the questionnaire*

REFLEXIVE VERBS

Reflexive verbs are those which have **se** or **s'** in the infinitive. They all take **être** in the perfect tense. Many of these verbs belong to the -**er** group.

In genuinely reflexive verbs, the person or thing receiving the action of the verb is also the person performing the action of the verb:
  je **me** lave   *I wash myself*

This type of verb is also used sometimes when two or more people perform the action of the verb reciprocally (*to* or *for* each other):
  Jean et Michel **se** sont rencontrés hier
  *Jean and Michel met **each other** yesterday*

In the perfect tense **te** and **se** are shortened to **t'** and **s'** when followed by a vowel.

se laver* - to wash oneself, to get washed		for English tense meanings see pages 6 and 7

Impératif Imperative	*Présent* Present	*Passé composé* Perfect
	je **me** lave	je **me** suis lavé(e)
lave-**toi**!	tu **te** laves	tu **t'**es lavé(e)
	il **se** lave	il **s'**est lavé
	elle **se** lave	elle **s'**est lavée
	on **se** lave	on **s'**est lavé
lavons-**nous**!	nous **nous** lavons	nous **nous** sommes lavé(e)s
lavez-**vous**!	vous **vous** lavez	vous **vous** êtes lavé(e)(s)
	ils **se** lavent	ils **se** sont lavés
	elles **se** lavent	elles **se** sont lavées

Imparfait Imperfect	*Futur* Future	*Conditionnel* Conditional	*Passé simple* Past Historic
je **me** lavais	je **me** laverai	je **me** *la*verais	
tu **te** lavais	tu **te** laveras	tu **te** *la*verais	
il/elle/on **se** lavait	il/elle/on **se** lavera	il/elle/on **se** ---ait	il/elle/on **se** lava
nous **nous** lavions	nous **nous** laverons	nous **nous** ---ions	
vous **vous** laviez	vous **vous** laverez	vous **vous** ---iez	
ils/elles **se** lavaient	ils/elles **se** laveront	ils/elles **se** ---aient	ils/elles **se** lavèrent

Some other commonly used -er reflexive verbs are:

se baigner*, se balader*, se blesser*, se brosser* (les cheveux), se bronzer*, se cacher*, se casser* (le bras, etc), se coucher*, se couper* (le doigt, etc), se débrouiller*, se demander*, se dépêcher*, se déshabiller*, se disputer* avec, se fâcher*, se maquiller*, se passer*, se peigner*, se raser*, se renseigner*, se reposer*, se réveiller*, se sauver*, se trouver*.

When the reflexive verb begins with a **vowel** or **silent h**, the reflexive pronouns **me** **te** and **se** are shortened to **m', t'** and **s'**.

s'habiller* - to get dressed		for English tense meanings see pages 6 and 7

Impératif / Imperative	Présent / Present	Passé composé / Perfect	
habille-toi!	je m'habille	je me suis habillé(e)	
	tu t'habilles	tu t'es habillé(e)	
	il s'habille	il s'est habillé	
	elle s'habille	elle s'est habillée	
	on s'habille	on s'est habillé	
habillons-nous!	nous nous habillons	nous nous sommes habillé(e)s	
habillez-vous!	vous vous habillez	vous vous êtes habillé(e)(s)	
	ils s'habillent	ils se sont habillés	
	elles s'habillent	elles se sont habillées	

Imparfait / Imperfect	Futur / Future	Conditionnel / Conditional	Passé simple / Past Historic
je m'habillais	je m'habillerai	je m'habillerais	
tu t'habillais	tu t'habilleras	tu t'habillerais	
il/elle/on s'habillait	il/elle/on s'habillera	il/elle/on s'---ait	il/elle/on s'habilla
nous nous habillions	nous nous habillerons	nous nous ---ions	
vous vous habilliez	vous vous habillerez	vous vous ---iez	
ils/elles s'habillaient	ils/elles s'habilleront	ils/elles s'---aient	ils/elles s'habillèrent

Other verbs of this type are: s'amuser*, s'approcher* de, s'arrêter*, s'excuser*, s'intéresser* à.

Changes of Meaning

There are some pairs of verbs which change their meaning depending on whether they are used reflexively or non-reflexively. The meanings are related but different. When used reflexively they take **être**; when used non-reflexively they take **avoir**. (Remember an * means that the verb takes **être**.)

s'allonger* *to lie down, to grow (child)*	allonger *to make longer*
s'arrêter* *to stop*	arrêter *to arrest*
se conduire* *to behave*	conduire *to drive a vehicle*
se demander* *to wonder*	demander *to ask*
s'ennuyer* *to be bored*	ennuyer *to bore, to worry, to annoy*
se lever* *to get up*	lever *to lift*
se promener* *to go for a walk*	promener *to take for a walk (eg dog)*
se rappeler* *to remember*	rappeler *to remind someone else, to call back*
se rendre* *to surrender*	rendre *to give back, return*
se sentir* *to feel (ill, better)*	sentir *to smell*
se tenir* *to stand*	tenir *to hold*
se trouver* *to be situated*	trouver *to find*

-ER VERBS WHICH HAVE VARIATIONS FROM THE USUAL PATTERN

Some **-er** verbs have variations from the standard pattern. These need to be learned.

* **Commencer** and other verbs ending in **-cer** need a cedilla under the **c** (ç) in parts of the verb where the **c** comes before the hard vowels **a, o** or **u**:

commencer - to begin, to start		for English tense meanings see pages 6 and 7	
Impératif *Imperative*	*Présent* *Present*	*Passé composé* *Perfect*	
	je commence	j'ai commencé	
commence!	tu commences	tu as commencé	
	il commence	il a commencé	
	elle commence	elle a commencé	
	on commence	on a commencé	
commençons!	nous commençons	nous avons commencé	
commencez!	vous commencez	vous avez commencé	
	ils commencent	ils ont commencé	
	elles commencent	elles ont commencé	

Imparfait *Imperfect*	*Futur* *Future*	*Conditionnel* *Conditional*	*Passé simple* *Past Historic*
je commençais	je commencerai	je *commencer*ais	
tu commençais	tu commenceras	tu *commencer*ais	
il/elle/on commençait	il/elle/on commencera	il/elle/on ---ait	il/elle/on commença
nous commencions	nous commencerons	nous ---ions	
vous commenciez	vous commencerez	vous ---iez	
ils/elles commençaient	ils/elles commenceront	ils/elles ---aient	ils commencèrent

Other verbs of this type are:
coincer, déplacer, divorcer, froncer les sourcils, grincer, lancer, menacer, percer, pincer, placer, prononcer, recommencer, remplacer, renforcer, renoncer, sucer, tracer.

Je is shortened to **j'** if the verb begins with a vowel.
Verbs of this type are: agacer, annoncer, avancer, effacer, enfoncer, exercer.

- **Changer** and other verbs whose infinitive ends in **-ger** need an extra **e** to soften the **g** in parts of the verb where the **g** would otherwise come before the hard vowels **a, o** or **u**:

changer - to change		for English tense meanings see pages 6 and 7
Impératif *Imperative*	*Présent* *Present*	*Passé composé* *Perfect*
change!	je change tu changes il change elle change on change	j'ai changé tu as changé il a changé elle a changé on a changé
changeons! changez!	nous changeons vous changez ils changent elles changent	nous avons changé vous avez changé ils ont changé elles ont changé

Imparfait *Imperfect*	*Futur* *Future*	*Conditionnel* *Conditional*	*Passé simple* *Past Historic*
je changeais tu changeais il/elle/on changeait nous changions vous changiez ils/elles changeaient	je changerai tu changeras il/elle/on changera nous changerons vous changerez ils/elles changeront	je *change*rais tu *change*rais il/elle/on ---ait nous ---ions vous ---iez ils/elles ---aient	il/elle/on changea ils/elles changèrent

Other verbs of this type are:
bouger, charger, corriger, déménager, déranger, juger, loger, longer, manger, mélanger, nager, négliger, neiger, partager, piger, plonger, prolonger, rager, rallonger, ranger, rédiger, ronger, songer, soulager, venger, voyager.

Je is shortened to **j'** if the verb begins with a vowel or silent **h**.
Verbs of this type are: affliger, allonger, aménager, arranger, échanger, encourager, exiger, héberger, interroger, obliger.

S'allonger*, se diriger*, s'engager*, being reflexive, take **être** in the perfect tense.

Protéger is unusual because not only does it need the extra **-e** before the hard vowels **a, o** or **u** to keep the **g** soft, but it also changes the **é** to **è** before a silent final **e.**

protéger - to protect		for English tense meanings see pages 6 and 7
Impératif *Imperative*	**Présent** *Present*	**Passé composé** *Perfect*
	je protège	j'ai protégé
protège!	tu protèges	tu as protégé
	il protège	il a protégé
	elle protège	elle a protégé
	on protège	on a protégé
protégeons!	nous protégeons	nous avons protégé
protégez!	vous protégez	vous avez protégé
	ils protègent	ils ont protégé
	elles protègent	elles ont protégé

Imparfait *Imperfect*	**Futur** *Future*	**Conditionnel** *Conditional*	**Passé simple** *Past Historic*
je protégeais	je protégerai	je *protégerais*	
tu protégeais	tu protégeras	tu *protégerais*	
il/elle/on protégeait	il/elle/on protégera	il/elle/on ---ait	il/elle/on protégea
nous protégions	nous protégerons	nous ---ions	
vous protégiez	vous protégerez	vous ---iez	
ils/elles protégeaient	ils/elles protégeront	ils/elles ---aient	ils/elles protégèrent

- **Jeter** doubles the **t** before a silent or unstressed final **-e.**

jeter - to throw		for English tense meanings see pages 6 and 7
Impératif *Imperative*	**Présent** *Present*	**Passé composé** *Perfect*
	je jette	j'ai jeté
jette!	tu jettes	tu as jeté
	il/elle/on jette	il/elle/on a jeté
	nous jetons	nous avons jeté
jetons!	vous jetez	vous avez jeté
jetez!	ils jettent	ils ont jeté
	elles jettent	elles ont jeté

Imparfait *Imperfect*	**Futur** *Future*	**Conditionnel** *Conditional*	**Passé simple** *Past Historic*
je jetais	je jetterai	je jetterais	
tu jetais	tu jetteras	tu jetterais	
il/elle/on jetait	il/elle/on jettera	il/elle/on jetterait	il/elle/on jeta
nous jetions	nous jetterons	nous jetterions	
vous jetiez	vous jetterez	vous jetteriez	
ils/elles jetaient	ils/elles jetteront	ils/elles jetteraient	ils/elles jetèrent

- **Appeler** and **rappeler** double the **l** before a silent or unstressed final-**e**.

appeler - to call   for English tense meanings see pages 6 and 7

Impératif / *Imperative*	*Présent* / *Present*	*Passé composé* / *Perfect*	
appelle!	j'appelle	j'ai appelé	
	tu appelles	tu as appelé	
	il appelle	il a appelé	
	elle appelle	elle a appelé	
	on appelle	on a appelé	
appelons!	nous appelons	nous avons appelé	
appelez!	vous appelez	vous avez appelé	
	ils appellent	ils ont appelé	
	elles appellent	elles ont appelé	
Imparfait / *Imperfect*	*Futur* / *Future*	*Conditionnel* / *Conditional*	*Passé simple* / *Past Historic*
j'appelais	j'appellerai	j'*appelle*rais	
tu appelais	tu appelleras	tu *appelle*rais	
il/elle/on appelait	il/elle/on appellera	il/elle/on ---ait	il/elle/on appela
nous appelions	nous appellerons	nous ---ions	
vous appeliez	vous appellerez	vous ---iez	
ils/elles appelaient	ils/elles appelleront	ils/elles ---aient	ils/elles appelèrent

S'appeler* and **se rappeler***, being reflexive verbs, take **être** in the perfect tense

s'appeler* - to be called   for English tense meanings see pages 6 and 7

Impératif / *Imperative*	*Présent* / *Present*	*Passé composé* / *Perfect*	
appelle-toi!	je m'appelle	je me suis appelé(e)	
	tu t'appelles	tu t'es appelé(e)	
	il s'appelle	il s'est appelé	
	elle s'appelle	elle s'est appelée	
	on s'appelle	on s'est appelé	
appelons-nous!	nous nous appelons	nous nous sommes appelé(e)s	
appelez-vous!	vous vous appelez	vous vous êtes appelé(e)(s)	
	ils s'appellent	ils se sont appelés	
	elles s'appellent	elles se sont appelées	
Imparfait / *Imperfect*	*Futur* / *Future*	*Conditionnel* / *Conditional*	*Passé simple* / *Past Historic*
je m'appelais	je m'appellerai	je m'*appelle*rais	
tu t'appelais	tu t'appelleras	tu t'*appelle*rais	
il/elle/on s'appelait	il/elle/on s'appellera	il/elle/on s'---ait	il/elle/on s'appela
nous nous appelions	nous nous appellerons	nous nous ---ions	
vous vous appeliez	vous vous appellerez	vous vous ---iez	
ils/elles s'appelaient	ils/elles s'appelleront	ils/elles s'---aient	ils/elles s'appelèrent

- Verbs ending **e-consonant-er** (except appeler, page 20 and jeter, page 19) add an accent when the final **-e** is silent or unstressed.

acheter - to buy   for English tense meanings see pages 6 and 7

Impératif *Imperative*	*Présent* *Present*	*Passé composé* *Perfect*	
	j'achète	j'ai acheté	
achète!	tu achètes	tu as acheté	
	il/elle achète	il/elle a acheté	
	on achète	on a acheté	
achetons!	nous achetons	nous avons acheté	
achetez!	vous achetez	vous avez acheté	
	ils achètent	ils ont acheté	
	elles achètent	elles ont acheté	
Imparfait *Imperfect*	*Futur* *Future*	*Conditionnel* *Conditional*	*Passé simple* *Past Historic*
j'achetais	j'achèterai	j'achèterais	
tu achetais	tu achèteras	tu achèterais	
il/elle/on achetait	il/elle/on achètera	il/elle/on ---ait	il/elle/on acheta
nous achetions	nous achèterons	nous ---ions	
vous achetiez	vous achèterez	vous ---iez	
ils/elles achetaient	ils/elles achèteront	ils/elles ---aient	ils/elles achetèrent

Other verbs of this type are: achever, amener, emmener, enlever, geler, lever, mener, peser, promener, ramener.

Se lever* and **se promener***, being reflexive, take **être** in the perfect tense.

se lever* - to get up, to stand up   for English tense meanings see pages 6 and 7

Impératif *Imperative*	*Présent* *Present*	*Passé composé* *Perfect*	
	je me lève	je me suis levé(e)	
lève-toi!	tu te lèves	tu t'es levé(e)	
	il se lève	il s'est levé	
	elle se lève	elle s'est levée	
	on se lève	on s'est levé	
levons-nous!	nous nous levons	nous nous sommes levé(e)s	
levez-vous!	vous vous levez	vous vous êtes levé(e)(s)	
	ils se lèvent	ils se sont levés	
	elles se lèvent	elles se sont levées	
Imparfait *Imperfect*	*Futur* *Future*	*Conditionnel* *Conditional*	*Passé simple* *Past Historic*
je me levais	je me lèverai	je me lèverais	
tu te levais	tu te lèveras	tu te lèverais	
il/elle/on se levait	il/elle/on se lèvera	il/elle/on se ---ait	il/elle/on se leva
nous nous levions	nous nous lèverons	nous nous ---ions	
vous vous leviez	vous vous lèverez	vous vous ---iez	
ils/elles se levaient	ils/elles se lèveront	ils/elles se ---aient	ils/elles se levèrent

-er Verbs which have variations

- Verbs ending in **é-consonant-er** change the **é** to **è** before a silent final **-e**.

préférer - to prefer, to like ... better		for English tense meanings see pages 6 and 7

Impératif / Imperative	Présent / Present	Passé composé / Perfect
préfère!	je préfère	j'ai préféré
	tu préfères	tu as préféré
	il/elle/on préfère	il/elle/on a préféré
préférons!	nous préférons	nous avons préféré
préférez!	vous préférez	vous avez préféré
	ils préfèrent	ils ont préféré
	elles préfèrent	elles ont préféré

Imparfait / Imperfect	Futur / Future	Conditionnel / Conditional	Passé simple / Past Historic
je préférais	je préférerai	je préférerais	
tu préférais	tu préféreras	tu préférerais	
il/elle/on préférait	il/elle/on préférera	il/elle/on ---ait	il/elle/on préféra
nous préférions	nous préférerons	nous ---ions	
vous préfériez	vous préférerez	vous ---iez	
ils/elles préféraient	ils/elles préféreront	ils/elles ---aient	ils/elles préférèrent

Other verbs of this type are: accélérer, céder, compléter, considérer, espérer, exagérer, inquiéter, posséder, régler, répéter, révéler, suggérer.

S'inquiéter*, being reflexive, takes **être** in the perfect tense.

s'inquiéter* - to worry		for English tense meanings see pages 6 and 7

Impératif / Imperative	Présent / Present	Passé composé / Perfect
ne t'inquiète pas!	je m'inquiète	je me suis inquiété(e)
	tu t'inquiètes	tu t'es inquiété(e)
	il s'inquiète	il s'est inquiété
	elle s'inquiète	elle s'est inquiétée
	on s'inquiète	on s'est inquiété
ne nous inquiétons pas	nous nous inquiétons	nous nous sommes inquiété(e)s
ne vous inquiétez pas!	vous vous inquiétez	vous vous êtes inquiété(e)(s)
	ils s'inquiètent	ils se sont inquiétés
	elles s'inquiètent	elles se sont inquiétées

Imparfait / Imperfect	Futur / Future	Conditionnel / Conditional	Passé simple / Past Historic
je m'inquiétais	je m'inquiéterai	je m'inquiéterais	
tu t'inquiétais	tu t'inquiéteras	tu t'inquiéterais	
il/elle/on s'inquiétait	il/elle/on s'inquiétera	il/elle/on s'---ait	il/elle/on s'inquiéta
nous nous inquiétions	nous nous inquiéterons	nous nous ---ions	
vous vous inquiétiez	vous vous inquiéterez	vous vous ---iez	
ils/elles s'inquiétaient	ils/elles s'inquiéteront	ils/elles s'---aient	ils/elles s'inquiétèrent

- Verbs such as **payer** whose infinitive ends in **-ayer** may have t[...]
  forms in some tenses. They usually change the **-y** to **-i** before a silen[...]
  payer may keep the **-y** throughout the present tense (je paie, je paye).

payer - to pay		for English tense meanings see pages 6 and 7	
Impératif *Imperative*	*Présent* *Present*	*Passé composé* *Perfect*	
	je paie	j'ai payé	
paie!	tu paies	tu as payé	
	il paie	il a payé	
	elle paie	elle a payé	
	on paie	on a payé	
payons!	nous payons	nous avons payé	
payez!	vous payez	vous avez payé	
	ils paient	ils ont payé	
	elles paient	elles ont payé	
Imparfait *Imperfect*	*Futur* *Future*	*Conditionnel* *Conditional*	*Passé simple* *Past Historic*
je payais	je payerai	je payerais	
tu payais	tu payeras	tu payerais	
il/elle/on payait	il/elle/on payera	il/elle/on payerait	il/elle/on paya
nous payions	nous payerons	nous payerions	
vous payiez	vous payerez	vous payeriez	
ils/elles payaient	ils/elles payeront	ils/elles payeraient	ils/elles payèrent

Another verb of this type is: balayer.

Je is shortened to **j'** if the verb begins with a vowel or silent **h**.
A verb of this type is: essayer (It does not keep the **–y** in the present tense.)

ιn -oyer and -uyer change the -y to an -i before a

for English tense meanings see pages 6 and 7

Présent Present	Passé composé Perfect		
je nettoie	j'ai nettoyé		
tu nettoies	tu as nettoyé		
il nettoie	il a nettoyé		
elle nettoie	elle a nettoyé		
on nettoie	on a nettoyé		
nous nettoyons	nous avons nettoyé		
vous nettoyez	vous avez nettoyé		
ils nettoient	ils ont nettoyé		
elles nettoient	elles ont nettoyé		

Imparfait Imperfect	Futur Future	Conditionnel Conditional	Passé simple Past Historic
je nettoyais	je nettoierai	je nettoierais	
tu nettoyais	tu nettoieras	tu nettoierais	
il/elle/on nettoyait	il/elle/on nettoiera	il/elle/on ---ait	il/elle/on nettoya
nous nettoyions	nous nettoierons	nous ---ions	
vous nettoyiez	vous nettoierez	vous ---iez	
ils/elles nettoyaient	ils/elles nettoieront	ils/elles ---aient	ils/elles nettoyèrent

nettο.

nettoyons!
nettoyez!

Je is shortened to **j'** if the verb begins with a vowel or silent **h**.
Other verbs of this type are: aboyer, appuyer, employer, ennuyer, essuyer.

S'ennuyer*, se tutoyer* and se vouvoyer*, being reflexive, take **être** in the perfect tense.

s'ennuyer* - to be bored		for English tense meanings see pages 6 and 7	
Impératif **Imperative**	*Présent* **Present**	*Passé composé* **Perfect**	
	je m'ennuie	je me suis ennuyé(e)	
ne t'ennuie pas!	tu t'ennuies	tu t'es ennuyé(e)	
	il s'ennuie	il s'est ennuyé	
	elle s'ennuie	elle s'est ennuyée	
	on s'ennuie	on s'est ennuyé	
ne nous ennuyons pas!	nous nous ennuyons	nous nous sommes ennuyé(e)s	
ne vous ennuyez pas!	vous vous ennuyez	vous vous êtes ennuyé(e)(s)	
	ils s'ennuient	ils se sont ennuyés	
	elles s'ennuient	elles se sont ennuyées	
Imparfait **Imperfect**	*Futur* **Future**	*Conditionnel* **Conditional**	*Passé simple* **Past Historic**
je m'ennuyais	je m'ennuierai	je m'*ennuie*rais	
tu t'ennuyais	tu t'ennuieras	tu t'*ennuie*rais	
il/elle/on s'ennuyait	il/elle/on s'ennuiera	il/elle/on s'---ait	il/elle/on s'ennuya
nous nous ennuyions	nous nous ennuierons	nous nous ---ions	
vous vous ennuyiez	vous vous ennuierez	vous vous ---iez	
ils/elles s'ennuyaient	ils/elles s'ennuieront	ils/elles s'---aient	ils/elles s'ennuyèrent

Envoyer and **renvoyer** are irregular in the future and conditional tenses too.

envoyer - to send		for English tense meanings see pages 6 and 7	
Impératif **Imperative**	*Présent* **Present**	*Passé composé* **Perfect**	
	j'envoie	j'ai envoyé	
envoie!	tu envoies	tu as envoyé	
	il envoie	il a envoyé	
	elle envoie	elle a envoyé	
	on envoie	on a envoyé	
envoyons!	nous envoyons	nous avons envoyé	
envoyez!	vous envoyez	vous avez envoyé	
	ils envoient	ils ont envoyé	
	elles envoient	elles ont envoyé	
Imparfait **Imperfect**	*Futur* **Future**	*Conditionnel* **Conditional**	*Passé simple* **Past Historic**
j'envoyais	j'enverrai	j'*enver*rais	
tu envoyais	tu enverras	tu *enver*rais	
il/elle/on envoyait	il/elle/on enverra	il/elle/on ---ait	il/elle/on envoya
nous envoyions	nous enverrons	nous ---ions	
vous envoyiez	vous enverrez	vous ---iez	
ils/elles envoyaient	ils/elles enverront	ils/elles ---aient	ils/elles envoyèrent

REGULAR -IR VERBS

The second group of regular verbs is much smaller than the **-er** group. Very few new verbs apart from **alunir** *to land on the moon* have joined this group.
Regular **-ir** verbs follow the pattern shown below.

finir - to finish		for English tense meanings see pages 6 and 7
Impératif *Imperative*	*Présent* *Present*	*Passé composé* *Perfect*
finis!	je finis	j'ai fini
	tu finis	tu as fini
	il finit	il a fini
	elle finit	elle a fini
	on finit	on a fini
finissons!	nous finissons	nous avons fini
finissez!	vous finissez	vous avez fini
	ils finissent	ils ont fini
	elles finissent	elles ont fini

Imparfait *Imperfect*	*Futur* *Future*	*Conditionnel* *Conditional*	*Passé simple* *Past Historic*
je finissais	je finirai	je finirais	
tu finissais	tu finiras	tu finirais	
il/elle/on finissait	il/elle/on finira	il/elle/on finirait	il/elle/on finit
nous finissions	nous finirons	nous finirions	
vous finissiez	vous finirez	vous finiriez	
ils/elles finissaient	ils/elles finiront	ils/elles finiraient	ils/elles finirent

Other common verbs of this type are: bâtir, choisir, démolir, grandir, punir, réfléchir, remplir, réussir, rougir, saisir, vieillir.

Je is shortened to **j'** if the verb begins with a vowel.
Verbs of this type are: agrandir, applaudir, atterrir.

-IR VERBS WHICH HAVE VARIATIONS FROM THE USUAL PATTERN

Some **-ir** verbs have variations from the regular pattern.

• The first group of these includes: couvrir, découvrir, offrir, ouvrir, souffrir

• The second group includes: mentir, partir*, sentir, se sentir*, servir, se servir*, sortir* (Verbs marked * take **être** in the perfect tense)

• The third group includes: cueillir, accueillir, recueillir

All of the above verbs except accueillir and recueillir (which are like cueillir) are given in Section 3 in the irregular verb tables. (pages 29-64)

REGULAR -RE VERBS

The third group of regular verbs has an infinitive ending in **-re**. Regular verbs follow the pattern below. No new verbs created to describe new inventions or developments have joined this group.

répondre - to answer   for English tense meanings see pages 6 and 7

Impératif *Imperative*	*Présent* *Present*	*Passé composé* *Perfect*	
	je réponds	j'ai répondu	
réponds!	tu réponds	tu as répondu	
	il répond	il a répondu	
	elle répond	elle a répondu	
	on répond	on a répondu	
répondons!	nous répondons	nous avons répondu	
répondez!	vous répondez	vous avez répondu	
	ils répondent	ils ont répondu	
	elles répondent	elles ont répondu	

Imparfait *Imperfect*	*Futur* *Future*	*Conditionnel* *Conditional*	*Passé simple* *Past Historic*
je répondais	je répondrai	je *répond*rais	
tu répondais	tu répondras	tu *répond*rais	
il/elle/on répondait	il/elle/on répondra	il/elle/on ---ait	il/elle/on répondit
nous répondions	nous répondrons	nous ---ions	
vous répondiez	vous répondrez	vous ---iez	
ils/elles répondaient	ils/elles répondront	ils/elles ---aient	ils/elles répondirent

Other verbs of this type are: pendre, perdre, rendre, tondre la pelouse, vendre.

Je is shortened to **j'** if the verb begins with a vowel.
Verbs of this type are: attendre, entendre.

Descendre takes **être** in the perfect tense when it does not have a direct object.

descendre* - to go down		for English tense meanings see pages 6 and 7
Impératif / **Imperative**	**Présent** / **Present**	**Passé composé** / **Perfect**
descends!	je descends	je suis descendu(e)
	tu descends	tu es descendu(e)
	il descend	il est descendu
	elle descend	elle est descendue
	on descend	on est descendu
descendons!	nous descendons	nous sommes descendu(e)s
descendez!	vous descendez	vous êtes descendu(e)(s)
	ils descendent	ils sont descendus
	elles descendent	elles sont descendues

Imparfait / **Imperfect**	**Futur** / **Future**	**Conditionnel** / **Conditional**	**Passé simple** / **Past Historic**
je descendais	je descendrai	je descendrais	
tu descendais	tu descendras	tu descendrais	
il/elle/on descendait	il/elle/on descendra	il/elle/on ---ait	il/elle/on descendit
nous descendions	nous descendrons	nous ---ions	
vous descendiez	vous descendrez	vous ---iez	
ils/elles descendaient	ils/elles descendront	ils/elles ---aient	ils/elles descendirent

Se rendre*, being reflexive, takes **être.

se rendre* - to surrender		for English tense meanings see pages 6 and 7
Impératif / **Imperative**	**Présent** / **Present**	**Passé composé** / **Perfect**
rends-toi!	je me rends	je me suis rendu(e)
	tu te rends	tu t'es rendu(e)
	il se rend	il s'est rendu
	elle se rend	elle s'est rendue
	on se rend	on s'est rendu
rendons-nous!	nous nous rendons	nous nous sommes rendu(e)s
rendez-vous!	vous vous rendez	vous vous êtes rendu(e)(s)
	ils se rendent	ils se sont rendus
	elles se rendent	elles se sont rendues

Imparfait / **Imperfect**	**Futur** / **Future**	**Conditionnel** / **Conditional**	**Passé simple** / **Past Historic**
je me rendais	je me rendrai	je me rendrais	
tu te rendais	tu te rendras	tu te rendrais	
il/elle/on se rendait	il/elle/on se rendra	il/elle/on se ---ait	il/elle/on se rendit
nous nous rendions	nous nous rendrons	nous nous ---ions	
vous vous rendiez	vous vous rendrez	vous vous ---iez	
ils/elles se rendaient	ils/elles se rendront	ils/elles se ---aient	ils/elles se rendirent

SECTION 3 - IRREGULAR VERBS

aller* - to go		for English tense meanings see pages 6 and 7
Impératif *Imperative*	*Présent* *Present*	*Passé composé* *Perfect*
	je vais	je suis allé(e)
va!	tu vas	tu es allé(e)
	il va	il est allé
	elle va	elle est allée
	on va	on est allé
allons!	nous allons	nous sommes allé(e)s
allez!	vous allez	vous êtes allé(e)(s)
	ils vont	ils sont allés
	elles vont	elles sont allées

Imparfait *Imperfect*	*Futur* *Future*	*Conditionnel* *Conditional*	*Passé simple* *Past Historic*
j'allais	j'irai	j'irais	
tu allais	tu iras	tu irais	
il/elle/on allait	il/elle/on ira	il/elle/on irait	il/elle/on alla
nous allions	nous irons	nous irions	
vous alliez	vous irez	vous iriez	
ils/elles allaient	ils/elles iront	ils/elles iraient	ils/elles allèrent

apprendre - to learn		for English tense meanings see pages 6 and 7
Impératif *Imperative*	*Présent* *Present*	*Passé composé* *Perfect*
	j'apprends	j'ai appris
apprends!	tu apprends	tu as appris
	il apprend	il a appris
	elle apprend	elle a appris
	on apprend	on a appris
apprenons!	nous apprenons	nous avons appris
apprenez!	vous apprenez	vous avez appris
	ils apprennent	ils ont appris
	elles apprennent	elles ont appris

Imparfait *Imperfect*	*Futur* *Future*	*Conditionnel* *Conditional*	*Passé simple* *Past Historic*
j'apprenais	j'apprendrai	j'*apprend*rais	
tu apprenais	tu apprendras	tu *apprend*rais	
il/elle/on apprenait	il/elle/on apprendra	il/elle/on ---ait	il/elle/on apprit
nous apprenions	nous apprendrons	nous ---ions	
vous appreniez	vous apprendrez	vous ---iez	
ils/elles apprenaient	ils/elles apprendront	ils/elles ---aient	ils/elles apprirent

Perfect = happened once in one place.
imperfect = over a long period of time.
longer

s'asseoir* - to sit down — for English tense meanings see pages 6 and 7

Impératif Imperative	Présent Present	Passé composé Perfect
	je m'assieds	je me suis assis(e)
assieds-toi!	tu t'assieds	tu t'es assis(e)
	il s'assied	il s'est assis
	elle s'assied	elle s'est assise
	on s'assied	on s'est assis
asseyons-nous!	nous nous asseyons	nous nous sommes assis(es)
asseyez-vous!	vous vous asseyez	vous vous êtes assis(e)(es)
	ils s'asseyent	ils se sont assis
	elles s'asseyent	elles se sont assises

Imparfait Imperfect	Futur Future	Conditionnel Conditional	Passé simple Past Historic
je m'asseyais	je m'assiérai	je m'assiérais	
tu t'asseyais	tu t'assiéras	tu t'assiérais	
il/elle/on s'asseyait	il/elle/on s'assiéra	il/elle/on s'---ait	il/elle/on s'assit
nous nous asseyions	nous nous assiérons	nous nous --ions	
vous vous asseyiez	vous vous assiérez	vous vous ---iez	
ils/elles s'asseyaient	ils/elles s'assiéront	ils/elles s'---aient	ils/elles s'assirent

avoir - to have — for English tense meanings see pages 6 and 7

Impératif Imperative	Présent Present	Passé composé Perfect
	j'ai	j'ai eu
aie!	tu as	tu as eu
	il a	il a eu
	elle a	elle a eu
	on a	on a eu
ayons!	nous avons	nous avons eu
ayez!	vous avez	vous avez eu
	ils ont	ils ont eu
	elles ont	elles ont eu

Imparfait Imperfect	Futur Future	Conditionnel Conditional	Passé simple Past Historic
j'avais	j'aurai	j'aurais	
tu avais	tu auras	tu aurais	
il/elle/on avait	il/elle/on aura	il/elle/on aurait	il/elle/on eut
nous avions	nous aurons	nous aurions	
vous aviez	vous aurez	vous auriez	
ils/elles avaient	ils/elles auront	ils/elles auraient	ils/elles eurent

battre - to beat   for English tense meanings see pages 6 and 7

Impératif *Imperative*	*Présent* *Present*	*Passé composé* *Perfect*	
	je bats	j'ai battu	
bats!	tu bats	tu as battu	
	il bat	il a battu	
	elle bat	elle a battu	
	on bat	on a battu	
battons!	nous battons	nous avons battu	
battez!	vous battez	vous avez battu	
	ils battent	ils ont battu	
	elles battent	elles ont battu	
Imparfait *Imperfect*	*Futur* *Future*	*Conditionnel* *Conditional*	*Passé simple* *Past Historic*
je battais	je battrai	je battrais	
tu battais	tu battras	tu battrais	
il/elle/on battait	il/elle/on battra	il/elle/on battrait	il/elle/on battit
nous battions	nous battrons	nous battrions	
vous battiez	vous battrez	vous battriez	
ils/elles battaient	ils/elles battront	ils/elles battraient	ils/elles battirent

boire - to drink   for English tense meanings see pages 6 and 7

Impératif *Imperative*	*Présent* *Present*	*Passé composé* *Perfect*	
	je bois	j'ai bu	
bois!	tu bois	tu as bu	
	il boit	il a bu	
	elle boit	elle a bu	
	on boit	on a bu	
buvons!	nous buvons	nous avons bu	
buvez!	vous buvez	vous avez bu	
	ils boivent	ils ont bu	
	elles boivent	elles ont bu	
Imparfait *Imperfect*	*Futur* *Future*	*Conditionnel* *Conditional*	*Passé simple* *Past Historic*
je buvais	je boirai	je boirais	
tu buvais	tu boiras	tu boirais	
il/elle/on buvait	il/elle/on boira	il/elle/on boirait	il/elle/on but
nous buvions	nous boirons	nous boirions	
vous buviez	vous boirez	vous boiriez	
ils/elles buvaient	ils/elles boiront	ils/elles boiraient	ils/elles burent

comprendre - to understand   for English tense meanings see pages 6 and 7

Impératif / Imperative	Présent / Present	Passé composé / Perfect
	je comprends	j'ai compris
comprends!	tu comprends	tu as compris
	il comprend	il a compris
	elle comprend	elle a compris
	on comprend	on a compris
comprenons!	nous comprenons	nous avons compris
comprenez!	vous comprenez	vous avez compris
	ils comprennent	ils ont compris
	elles comprennent	elles ont compris

Imparfait / Imperfect	Futur / Future	Conditionnel / Conditional	Passé simple / Past Historic
je comprenais	je comprendrai	je *comprendr*ais	
tu comprenais	tu comprendras	tu *comprendr*ais	
il/elle/on comprenait	il/elle comprendra	il/elle/on ---ait	il/elle/on comprit
nous comprenions	nous comprendrons	nous ---ions	
vous compreniez	vous comprendrez	vous ---iez	
ils/elles comprenaient	ils/elles comprendront	ils/elles ---aient	ils/elles comprirent

conduire - to drive   for English tense meanings see pages 6 and 7

Impératif / Imperative	Présent / Present	Passé composé / Perfect
	je conduis	j'ai conduit
conduis!	tu conduis	tu as conduit
	il conduit	il a conduit
	elle conduit	elle a conduit
	on conduit	on a conduit
conduisons!	nous conduisons	nous avons conduit
conduisez!	vous conduisez	vous avez conduit
	ils conduisent	ils ont conduit
	elles conduisent	elles ont conduit

Imparfait / Imperfect	Futur / Future	Conditionnel / Conditional	Passé simple / Past Historic
je conduisais	je conduirai	je *conduir*ais	
tu conduisais	tu conduiras	tu *conduir*ais	
il/elle/on conduisait	il/elle/on conduira	il/elle/on ---ait	il/elle/on conduisit
nous conduisions	nous conduirons	nous ---ions	
vous conduisiez	vous conduirez	vous ---iez	
ils/elles conduisaient	ils/elles conduiront	ils/elles ---aient	ils/elles conduisirent

| connaître - to know (person, place, film) | | for English tense meanings see pages 6 and 7 |

Impératif *Imperative*	*Présent* *Present*	*Passé composé* *Perfect*
	je connais	j'ai connu
connais!	tu connais	tu as connu
	il connaît	il a connu
	elle connaît	elle a connu
	on connaît	on a connu
connaissons!	nous connaissons	nous avons connu
connaissez!	vous connaissez	vous avez connu
	ils connaissent	ils ont connu
	elles connaissent	elles ont connu

Imparfait *Imperfect*	*Futur* *Future*	*Conditionnel* *Conditional*	*Passé simple* *Past Historic*
je connaissais	je connaîtrai	je *connaîtra*is	
tu connaissais	tu connaîtras	tu *connaîtra*is	
il/elle/on connaissait	il/elle/on connaîtra	il/elle/on ---ait	il/elle/on connut
nous connaissions	nous connaîtrons	nous ---ions	
vous connaissiez	vous connaîtrez	vous ---iez	
ils/elles connaissaient	ils/elles connaîtront	ils/elles ---aient	ils/elles connurent

| construire - to build | | for English tense meanings see pages 6 and 7 |

Impératif *Imperative*	*Présent* *Present*	*Passé composé* *Perfect*
	je construis	j'ai construit
construis!	tu construis	tu as construit
	il construit	il a construit
	elle construit	elle a construit
	on construit	on a construit
construisons!	nous construisons	nous avons construit
construisez!	vous construisez	vous avez construit
	ils construisent	ils ont construit
	elles construisent	elles ont construit

Imparfait *Imperfect*	*Futur* *Future*	*Conditionnel* *Conditional*	*Passé simple* *Past Historic*
je construisais	je construirai	je *construira*is	
tu construisais	tu construiras	tu *construira*is	
il/elle construisait	il/elle/on construira	il/elle/on ---ait	il/elle/on construisit
nous construisions	nous construirons	nous ---ions	
vous construisiez	vous construirez	vous ---iez	
ils/elles construisaient	ils/elles construiront	ils/elles ---aient	ils/elles construisirent

contenir - to contain, to hold back   for English tense meanings see pages 6 and 7

Impératif Imperative	Présent Present	Passé composé Perfect
	je contiens	j'ai contenu
contiens!	tu contiens	tu as contenu
	il contient	il a contenu
	elle contient	elle a contenu
	on contient	on a contenu
contenons!	nous contenons	nous avons contenu
contenez!	vous contenez	vous avez contenu
	ils contiennent	ils ont contenu
	elles contiennent	elles ont contenu

Imparfait Imperfect	Futur Future	Conditionnel Conditional	Passé simple Past Historic
je contenais	je contiendrai	je contiendrais	
tu contenais	tu contiendras	tu contiendrais	
il/elle/on contenait	il/elle/on contiendra	il/elle/on ---ait	il/elle/on contint
nous contenions	nous contiendrons	nous ---ions	
vous conteniez	vous contiendrez	vous ---iez	
ils/elles contenaient	ils/elles contiendront	ils/elles ---aient	ils/elles continrent

coudre - to sew   for English tense meanings see pages 6 and 7

Impératif Imperative	Présent Present	Passé composé Perfect
	je couds	j'ai cousu
couds!	tu couds	tu as cousu
	il coud	il a cousu
	elle coud	elle a cousu
	on coud	on a cousu
cousons!	nous cousons	nous avons cousu
cousez!	vous cousez	vous avez cousu
	ils cousent	ils ont cousu
	elles cousent	elles ont cousu

Imparfait Imperfect	Futur Future	Conditionnel Conditional	Passé simple Past Historic
je cousais	je coudrai	je coudrais	
tu cousais	tu coudras	tu coudrais	
il/elle/on cousait	il/elle/on coudra	il/elle/on coudrait	il/elle/on cousit
nous cousions	nous coudrons	nous coudrions	
vous cousiez	vous coudrez	vous coudriez	
ils/elles cousaient	ils/elles coudront	ils/elles coudraient	ils/elles cousirent

courir - to run		for English tense meanings see pages 6 and 7

Impératif / Imperative	Présent / Present	Passé composé / Perfect
	je cours	j'ai couru
cours!	tu cours	tu as couru
	il court	il a couru
	elle court	elle a couru
	on court	on a couru
courons!	nous courons	nous avons couru
courez!	vous courez	vous avez couru
	ils courent	ils ont couru
	elles courent	elles ont couru

Imparfait / Imperfect	Futur / Future	Conditionnel / Conditional	Passé simple / Past Historic
je courais	je courrai	je courrais	
tu courais	tu courras	tu courrais	
il/elle/on courait	il/elle/on courra	il/elle/on courrait	il/elle/on courut
nous courions	nous courrons	nous courrions	
vous couriez	vous courrez	vous courriez	
ils/elles couraient	ils/elles courront	ils/elles courraient	ils/elles coururent

couvrir - to cover		for English tense meanings see pages 6 and 7

Impératif / Imperative	Présent / Present	Passé composé / Perfect
	je couvre	j'ai couvert
couvre!	tu couvres	tu as couvert
	il couvre	il a couvert
	elle couvre	elle a couvert
	on couvre	on a couvert
couvrons!	nous couvrons	nous avons couvert
couvrez!	vous couvrez	vous avez couvert
	ils couvrent	ils ont couvert
	elles couvrent	elles ont couvert

Imparfait / Imperfect	Futur / Future	Conditionnel / Conditional	Passé simple / Past Historic
je couvrais	je couvrirai	je couvrirais	
tu couvrais	tu couvriras	tu couvrirais	
il/elle/on couvrait	il/elle/on couvrira	il/elle/on ---ait	il/elle/on couvrit
nous couvrions	nous couvrirons	nous ---ions	
vous couvriez	vous couvrirez	vous ---iez	
ils/elles couvraient	ils/elles couvriront	ils/elles ---aient	ils/elles couvrirent

craindre - to fear, to be afraid of — for English tense meanings see pages 6 and 7

Impératif / Imperative	Présent / Present	Passé composé / Perfect	
	je crains	j'ai craint	
ne crains pas!	tu crains	tu as craint	
	il craint	il a craint	
	elle craint	elle a craint	
	on craint	on a craint	
ne craignons pas!	nous craignons	nous avons craint	
ne craignez pas!	vous craignez	vous avez craint	
	ils craignent	ils ont craint	
	elles craignent	elles ont craint	

Imparfait / Imperfect	Futur / Future	Conditionnel / Conditional	Passé simple / Past Historic
je craignais	je craindrai	je craindrais	
tu craignais	tu craindras	tu craindrais	
il/elle/on craignait	il/elle/on craindra	il/elle/on ---ait	il/elle/on craignit
nous craignions	nous craindrons	nous ---ions	
vous craigniez	vous craindrez	vous ---iez	
ils/elles craignaient	ils/elles craindront	ils/elles ---aient	ils/elles craignirent

croire - to believe, to think — for English tense meanings see pages 6 and 7

Impératif / Imperative	Présent / Present	Passé composé / Perfect	
	je crois	j'ai cru	
crois!	tu crois	tu as cru	
	il croit	il a cru	
	elle croit	elle a cru	
	on croit	on a cru	
croyons!	nous croyons	nous avons cru	
croyez!	vous croyez	vous avez cru	
	ils croient	ils ont cru	
	elles croient	elles ont cru	

Imparfait / Imperfect	Futur / Future	Conditionnel / Conditional	Passé simple / Past Historic
je croyais	je croirai	je croirais	
tu croyais	tu croiras	tu croirais	
il/elle/on croyait	il/elle/on croira	il/elle/on croirait	il/elle/on crut
nous croyions	nous croirons	nous croirions	
vous croyiez	vous croirez	vous croiriez	
ils/elles croyaient	ils/elles croiront	ils/elles croiraient	ils/elles crurent

cueillir - to pick		NB **accueillir** and **recueillir** follow this pattern
Impératif *Imperative*	*Présent* *Present*	*Passé composé* *Perfect*
	je cueille	j'ai cueilli
cueille!	tu cueilles	tu as cueilli
	il cueille	il a cueilli
	elle cueille	elle a cueilli
	on cueille	on a cueilli
cueillons!	nous cueillons	nous avons cueilli
cueillez!	vous cueillez	vous avez cueilli
	ils cueillent	ils ont cueilli
	elles cueillent	elles ont cueilli

Imparfait *Imperfect*	*Futur* *Future*	*Conditionnel* *Conditional*	*Passé simple* *Past Historic*
je cueillais	je cueillerai	je *cueille*rais	
tu cueillais	tu cueilleras	tu *cueille*rais	
il/elle/on cueillait	il/elle/on cueillera	il/elle/on ---ait	il/elle/on cueillit
nous cueillions	nous cueillerons	nous ---ions	
vous cueilliez	vous cueillerez	vous ---iez	
ils cueillaient	ils/elles cueilleront	ils/elles ---aient	ils/elles cueillirent

découvrir - to discover		for English tense meanings see pages 6 and 7
Impératif *Imperative*	*Présent* *Present*	*Passé composé* *Perfect*
	je découvre	j'ai découvert
découvre!	tu découvres	tu as découvert
	il découvre	il a découvert
	elle découvre	elle a découvert
	on découvre	on a découvert
découvrons!	nous découvrons	nous avons découvert
découvrez!	vous découvrez	vous avez découvert
	ils découvrent	ils ont découvert
	elles découvrent	elles ont découvert

Imparfait *Imperfect*	*Futur* *Future*	*Conditionnel* *Conditional*	*Passé simple* *Past Historic*
je découvrais	je découvrirai	je *découvri*rais	
tu découvrais	tu découvriras	tu *découvri*rais	
il/elle/on découvrait	il/elle/on découvrira	il/elle/on ---ait	il/elle/on découvrit
nous découvrions	nous découvrirons	nous ---ions	
vous découvriez	vous découvrirez	vous ---iez	
ils/elles découvraient	ils/elles découvriront	ils/elles ---aient	ils/elles découvrirent

détruire - to destroy   for English tense meanings see pages 6 and 7

Impératif / Imperative	Présent / Present	Passé composé / Perfect	
détruis!	je détruis	j'ai détruit	
	tu détruis	tu as détruit	
	il détruit	il a détruit	
	elle détruit	elle a détruit	
	on détruit	on a détruit	
détruisons!	nous détruisons	nous avons détruit	
détruisez!	vous détruisez	vous avez détruit	
	ils détruisent	ils ont détruit	
	elles détruisent	elles ont détruit	

Imparfait / Imperfect	Futur / Future	Conditionnel / Conditional	Passé simple / Past Historic
je détruisais	je détruirai	je détruirais	
tu détruisais	tu détruiras	tu détruirais	
il/elle/on détruisait	il/elle/on détruira	il/elle/on ---ait	il/elle/on détruisit
nous détruisions	nous détruirons	nous ---ions	
vous détruisiez	vous détruirez	vous ---iez	
ils/elles détruisaient	ils/elles détruiront	ils/elles ---aient	ils/elles détruisirent

devenir* - to become   for English tense meanings see pages 6 and 7

Impératif / Imperative	Présent / Present	Passé composé / Perfect	
deviens!	je deviens	je suis devenu(e)	
	tu deviens	tu es devenu(e)	
	il devient	il est devenu	
	elle devient	elle est devenue	
	on devient	on est devenu	
devenons!	nous devenons	nous sommes devenu(e)s	
devenez!	vous devenez	vous êtes devenu(e)(s)	
	ils deviennent	ils sont devenus	
	elles deviennent	elles sont devenues	

Imparfait / Imperfect	Futur / Future	Conditionnel / Conditional	Passé simple / Past Historic
je devenais	je deviendrai	je deviendrais	
tu devenais	tu deviendras	tu deviendrais	
il/elle/on devenait	il/elle/on deviendra	il/elle/on ---ait	il/elle/on devint
nous devenions	nous deviendrons	nous ---ions	
vous deveniez	vous deviendrez	vous ---iez	
ils/elles devenaient	ils/elles deviendront	ils/elles ---aient	ils/elles devinrent

devoir - to have to		for English tense meanings see pages 6 and 7
Impératif **Imperative**	**Présent** **Present**	**Passé composé** **Perfect**
	je dois	j'ai dû
dois!	tu dois	tu as dû
	il doit	il a dû
	elle doit	elle a dû
	on doit	on a dû
devons!	nous devons	nous avons dû
devez!	vous devez	vous avez dû
	ils doivent	ils ont dû
	elles doivent	elles ont dû

Imparfait **Imperfect**	**Futur** **Future**	**Conditionnel** **Conditional**	**Passé simple** **Past Historic**
je devais	je devrai	je devrais	
tu devais	tu devras	tu devrais	
il/elle/on devait	il/elle/on devra	il/elle/on devrait	il/elle/on dut
nous devions	nous devrons	nous devrions	
vous deviez	vous devrez	vous devriez	
ils/elles devaient	ils/elles devront	ils/elles devraient	ils/elles durent

dire - to say, to tell		for English tense meanings see pages 6 and 7
Impératif **Imperative**	**Présent** **Present**	**Passé composé** **Perfect**
	je dis	j'ai dit
dis!	tu dis	tu as dit
	il dit	il a dit
	elle dit	elle a dit
	on dit	on a dit
disons!	nous disons	nous avons dit
dites!	vous dites	vous avez dit
	ils disent	ils ont dit
	elles disent	elles ont dit

Imparfait **Imperfect**	**Futur** **Future**	**Conditionnel** **Conditional**	**Passé simple** **Past Historic**
je disais	je dirai	je dirais	
tu disais	tu diras	tu dirais	
il/elle/on disait	il/elle/on dira	il/elle/on dirait	il/elle/on dit
nous disions	nous dirons	nous dirions	
vous disiez	vous direz	vous diriez	
ils/elles disaient	ils/elles diront	ils/elles diraient	ils/elles dirent

disparaître - to disappear		for English tense meanings see pages 6 and 7
Impératif / *Imperative*	**Présent** / *Present*	**Passé composé** / *Perfect*
	je disparais	j'ai disparu
disparais!	tu disparais	tu as disparu
	il disparaît	il a disparu
	elle disparaît	elle a disparu
	on disparaît	on a disparu
disparaissons!	nous disparaissons	nous avons disparu
disparaissez!	vous disparaissez	vous avez disparu
	ils disparaissent	ils ont disparu
	elles disparaissent	elles ont disparu

Imparfait / *Imperfect*	**Futur** / *Future*	**Conditionnel** / *Conditional*	**Passé simple** / *Past Historic*
je disparaissais	je disparaîtrai	je *disparaîtr*ais	
tu disparaissais	tu disparaîtras	tu *disparaîtr*ais	
il/elle disparaissait	il/elle/on disparaîtra	il/elle/on ---ait	il/elle/on disparut
nous disparaissions	nous disparaîtrons	nous ---ions	
vous disparaissiez	vous disparaîtrez	vous ---iez	
ils disparaissaient	ils disparaîtront	ils ---aient	ils disparurent
elles disparaissaient	elles disparaîtront	elles ---aient	elles disparurent

dormir - to sleep		for English tense meanings see pages 6 and 7
Impératif / *Imperative*	**Présent** / *Present*	**Passé composé** / *Perfect*
	je dors	j'ai dormi
dors!	tu dors	tu as dormi
	il dort	il a dormi
	elle dort	elle a dormi
	on dort	on a dormi
dormons!	nous dormons	nous avons dormi
dormez!	vous dormez	vous avez dormi
	ils dorment	ils ont dormi
	elles dorment	elles ont dormi

Imparfait / *Imperfect*	**Futur** / *Future*	**Conditionnel** / *Conditional*	**Passé simple** / *Past Historic*
je dormais	je dormirai	je *dormir*ais	
tu dormais	tu dormiras	tu *dormir*ais	
il/elle/on dormait	il/elle/on dormira	il/elle/on ---ait	il/elle/on dormit
nous dormions	nous dormirons	nous ---ions	
vous dormiez	vous dormirez	vous ---iez	
ils/elles dormaient	ils/elles dormiront	ils/elles ---aient	ils/elles dormirent

écrire - to write   for English tense meanings see pages 6 and 7

Impératif / Imperative	Présent / Present	Passé composé / Perfect	
	j'écris	j'ai écrit	
écris!	tu écris	tu as écrit	
	il écrit	il a écrit	
	elle écrit	elle a écrit	
	on écrit	on a écrit	
écrivons!	nous écrivons	nous avons écrit	
écrivez!	vous écrivez	vous avez écrit	
	ils écrivent	ils ont écrit	
	elles écrivent	elles ont écrit	

Imparfait / Imperfect	Futur / Future	Conditionnel / Conditional	Passé simple / Past Historic
j'écrivais	j'écrirai	j'écrirais	
tu écrivais	tu écriras	tu écrirais	
il/elle/on écrivait	il/elle/on écrira	il/elle/on écrirait	il/elle/on écrivit
nous écrivions	nous écrirons	nous écririons	
vous écriviez	vous écrirez	vous écririez	
ils/elles écrivaient	ils/elles écriront	ils/elles écriraient	ils/elles écrivirent

s'endormir* - to go to sleep, to fall asleep   for English tense meanings see pages 6 and 7

Impératif / Imperative	Présent / Present	Passé composé / Perfect	
	je m'endors	je me suis endormi(e)	
endors-toi!	tu t'endors	tu t'es endormi(e)	
	il s'endort	il s'est endormi	
	elle s'endort	elle s'est endormie	
	on s'endort	on s'est endormi	
endormons-nous!	nous nous endormons	nous nous sommes endormi(e)s	
endormez-vous!	vous vous endormez	vous vous êtes endormi(e)(s)	
	ils s'endorment	ils se sont endormis	
	elles s'endorment	elles se sont endormies	

Imparfait / Imperfect	Futur / Future	Conditionnel / Conditional	Passé simple / Past Historic
je m'endormais	je m'endormirai	je m'*endormir*ais	
tu t'endormais	tu t'endormiras	tu t'*endormir*ais	
il s'endormait	il/elle s'endormira	il/elle/on s'---ait	il/elle/on s'endormit
nous nous endormions	nous nous endormirons	nous nous ---ions	
vous vous endormiez	vous vous endormirez	vous vous ---iez	ils s'endormirent
ils/elles s'endormaient	ils/elles s'endormiront	ils/elles s'---aient	elles s'endormirent

entretenir - to maintain   for English tense meanings see pages 6 and 7

Impératif / Imperative	Présent / Present	Passé composé / Perfect
	j'entretiens	j'ai entretenu
entretiens!	tu entretiens	tu as entretenu
	il entretient	il a entretenu
	elle entretient	elle a entretenu
	on entretient	on a entretenu
entretenons!	nous entretenons	nous avons entretenu
entretenez!	vous entretenez	vous avez entretenu
	ils entretiennent	ils ont entretenu
	elles entretiennent	elles ont entretenu

Imparfait / Imperfect	Futur / Future	Conditionnel / Conditional	Passé simple / Past Historic
j'entretenais	j'entretiendrai	j'*entretiendr*ais	
tu entretenais	tu entretiendras	tu *entretiendr*ais	
il/elle/on entretenait	il/elle entretiendra	il/elle ---ait	il/elle/on entretint
nous entretenions	nous entretiendrons	nous ---ions	
vous entreteniez	vous entretiendrez	vous ---iez	
ils/elles entretenaient	ils/elles entretiendront	ils/elles ---aient	ils/elles entretinrent

éteindre - to extinguish, to switch off   for English tense meanings see pages 6 and 7

Impératif / Imperative	Présent / Present	Passé composé / Perfect
	j'éteins	j'ai éteint
éteins!	tu éteins	tu as éteint
	il éteint	il a éteint
	elle éteint	elle a éteint
	on éteint	on a éteint
éteignons!	nous éteignons	nous avons éteint
éteignez!	vous éteignez	vous avez éteint
	ils éteignent	ils ont éteint
	elles éteignent	elles ont éteint

Imparfait / Imperfect	Futur / Future	Conditionnel / Conditional	Passé simple / Past Historic
j'éteignais	j'éteindrai	j'*éteindr*ais	
tu éteignais	tu éteindras	tu *éteindr*ais	
il/elle/on éteignait	il/elle/on éteindra	il/elle/on ---ait	il/elle/on éteignit
nous éteignions	nous éteindrons	nous ---ions	
vous éteigniez	vous éteindrez	vous ---iez	
ils/elles éteignaient	ils/elles éteindront	ils/elles ---aient	ils/elles éteignirent

être - to be   for English tense meanings see pages 6 and 7

Impératif *Imperative*	*Présent* *Present*	*Passé composé* *Perfect*	
	je suis	j'ai été	
sois!	tu es	tu as été	
	il est	il a été	
	elle est	elle a été	
	on est	on a été	
soyons!	nous sommes	nous avons été	
soyez!	vous êtes	vous avez été	
	ils sont	ils ont été	
	elles sont	elles ont été	

Imparfait *Imperfect*	*Futur* *Future*	*Conditionnel* *Conditional*	*Passé simple* *Past Historic*
j'étais	je serai	je serais	
tu étais	tu seras	tu serais	
il/elle/on était	il/elle/on sera	il/elle/on serait	il/elle/on fut
nous étions	nous serons	nous serions	
vous étiez	vous serez	vous seriez	
ils/elles étaient	ils/elles seront	ils/elles seraient	ils/elles furent

faire - to do, to make   for English tense meanings see pages 6 and 7

Impératif *Imperative*	*Présent* *Present*	*Passé composé* *Perfect*	
	je fais	j'ai fait	
fais!	tu fais	tu as fait	
	il fait	il a fait	
	elle fait	elle a fait	
	on fait	on a fait	
faisons!	nous faisons	nous avons fait	
faites!	vous faites	vous avez fait	
	ils font	ils ont fait	
	elles font	elles ont fait	

Imparfait *Imperfect*	*Futur* *Future*	*Conditionnel* *Conditional*	*Passé simple* *Past Historic*
je faisais	je ferai	je ferais	
tu faisais	tu feras	tu ferais	
il/elle/on faisait	il/elle/on fera	il/elle/on ferait	il/elle/on fit
nous faisions	nous ferons	nous ferions	
vous faisiez	vous ferez	vous feriez	
ils/elles faisaient	ils/elles feront	ils/elles feraient	ils/elles firent

falloir - to have to		for English tense meanings see pages 6 and 7	
Impératif *Imperative*	*Présent* *Present*	*Passé composé* *Perfect*	
NONE	il faut	il a fallu	
Imparfait *Imperfect*	*Futur* *Future*	*Conditionnel* *Conditional*	*Passé simple* *Past Historic*
il fallait	il faudra	il faudrait	il fallut

Falloir only has an **il** form. It is sometimes called a defective verb.

lire - to read		for English tense meanings see pages 6 and 7	
Impératif *Imperative*	*Présent* *Present*	*Passé composé* *Perfect*	
lis!	je lis tu lis il lit elle lit on lit	j'ai lu tu as lu il a lu elle a lu on a lu	
lisons! lisez!	nous lisons vous lisez ils lisent elles lisent	nous avons lu vous avez lu ils ont lu elles ont lu	
Imparfait *Imperfect*	*Futur* *Future*	*Conditionnel* *Conditional*	*Passé simple* *Past Historic*
je lisais tu lisais il/elle/on lisait nous lisions vous lisiez ils/elles lisaient	je lirai tu liras il/elle/on lira nous lirons vous lirez ils/elles liront	je lirais tu lirais il/elle/on lirait nous lirions vous liriez ils/elles liraient	il/elle/on lut ils/elles lurent

| mentir - to lie, to tell an untruth | | for English tense meanings see pages 6 and 7 |

Impératif Imperative	Présent Present	Passé composé Perfect
	je mens	j'ai menti
mens!	tu mens	tu as menti
	il ment	il a menti
	elle ment	elle a menti
	on ment	on a menti
mentons!	nous mentons	nous avons menti
mentez!	vous mentez	vous avez menti
	ils mentent	ils ont menti
	elles mentent	elles ont menti

Imparfait Imperfect	Futur Future	Conditionnel Conditional	Passé simple Past Historic
je mentais	je mentirai	je *mentir*ais	
tu mentais	tu mentiras	tu *mentir*ais	
il/elle/on mentait	il/elle/on mentira	il/elle/on ---ait	il/elle/on mentit
nous mentions	nous mentirons	nous ---ions	
vous mentiez	vous mentirez	vous ---iez	
ils/elles mentaient	ils/elles mentiront	ils/elles ---aient	ils/elles mentirent

| mettre - to put | | for English tense meanings see pages 6 and 7 |

Impératif Imperative	Présent Present	Passé composé Perfect
	je mets	j'ai mis
mets!	tu mets	tu as mis
	il met	il a mis
	elle met	elle a mis
	on met	on a mis
mettons!	nous mettons	nous avons mis
mettez!	vous mettez	vous avez mis
	ils mettent	ils ont mis
	elles mettent	elles ont mis

Imparfait Imperfect	Futur Future	Conditionnel Conditional	Passé simple Past Historic
je mettais	je mettrai	je mettrais	
tu mettais	tu mettras	tu mettrais	
il/elle/on mettait	il/elle/on mettra	il/elle/on mettrait	il/elle/on mit
nous mettions	nous mettrons	nous mettrions	
vous mettiez	vous mettrez	vous mettriez	
ils/elles mettaient	ils/elles mettront	ils/elles mettraient	ils/elles mirent

se mettre* à - to start to   for English tense meanings see pages 6 and 7

Impératif Imperative	Présent Present	Passé composé Perfect
	je me mets	je me suis mis(e)
mets-toi!	tu te mets	tu t'es mis(e)
	il se met	il s'est mis
	elle se met	elle s'est mise
	on se met	on s'est mis
mettons-nous!	nous nous mettons	nous nous sommes mis(es)
mettez-vous!	vous vous mettez	vous vous êtes mis(e)(es)
	ils se mettent	ils se sont mis
	elles se mettent	elles se sont mises

Imparfait Imperfect	Futur Future	Conditionnel Conditional	Passé simple Past Historic
je me mettais	je me mettrai	je me *mettr*ais	
tu te mettais	tu te mettras	tu te *mettr*ais	
il/elle/on se mettait	il/elle/on se mettra	il/elle/on se ---ait	il/elle/on se mit
nous nous mettions	nous nous mettrons	nous nous ---ions	
vous vous mettiez	vous vous mettrez	vous vous ---iez	
ils/elles se mettaient	ils/elles se mettront	ils/elles se ---aient	ils/elles se mirent

mourir* - to die   for English tense meanings see pages 6 and 7

Impératif Imperative	Présent Present	Passé composé Perfect
	je meurs	je suis mort(e)
meurs!	tu meurs	tu es mort(e)
	il meurt	il est mort
	elle meurt	elle est morte
	on meurt	on est mort
mourons!	nous mourons	nous sommes mort(e)s
mourez!	vous mourez	vous êtes mort(e)(s)
	ils meurent	ils sont morts
	elles meurent	elles sont mortes

Imparfait Imperfect	Futur Future	Conditionnel Conditional	Passé simple Past Historic
je mourais	je mourrai	je *mourr*ais	
tu mourais	tu mourras	tu *mourr*ais	
il/elle/on mourait	il/elle/on mourra	il/elle/on ---ait	il/elle/on mourut
nous mourions	nous mourrons	nous ---ions	
vous mouriez	vous mourrez	vous ---iez	
ils/elles mouraient	ils/elles mourront	ils/elles ---aient	ils/elles moururent

naître* - to be born	for English tense meanings see pages 6 and 7	
Impératif *Imperative*	*Présent* *Present*	*Passé composé* *Perfect*
	je nais	je suis né(e)
nais!	tu nais	tu es né(e)
	il naît	il est né
	elle naît	elle est née
	on naît	on est né
naissons!	nous naissons	nous sommes né(e)s
naissez!	vous naissez	vous êtes né(e)(s)
	ils naissent	ils sont nés
	elles naissent	elles sont nées

Imparfait *Imperfect*	*Futur* *Future*	*Conditionnel* *Conditional*	*Passé simple* *Past Historic*
je naissais	je naîtrai	je naîtrais	
tu naissais	tu naîtras	tu naîtrais	
il/elle/on naissait	il/elle/on naîtra	il/elle/on naîtrait	il/elle/on naquit
nous naissions	nous naîtrons	nous naîtrions	
vous naissiez	vous naîtrez	vous naîtriez	
ils/elles naissaient	ils/elles naîtront	ils/elles naîtraient	ils/elles naquirent

obtenir - to obtain	for English tense meanings see pages 6 and 7	
Impératif *Imperative*	*Présent* *Present*	*Passé composé* *Perfect*
	j'obtiens	j'ai obtenu
obtiens!	tu obtiens	tu as obtenu
	il obtient	il a obtenu
	elle obtient	elle a obtenu
	on obtient	on a obtenu
obtenons!	nous obtenons	nous avons obtenu
obtenez!	vous obtenez	vous avez obtenu
	ils obtiennent	ils ont obtenu
	elles obtiennent	elles ont obtenu

Imparfait *Imperfect*	*Futur* *Future*	*Conditionnel* *Conditional*	*Passé simple* *Past Historic*
j'obtenais	j'obtiendrai	j'*obtiendr*ais	
tu obtenais	tu obtiendras	tu *obtiendr*ais	
il/elle/on obtenait	il/elle/on obtiendra	il/elle/on ---ait	il/elle/on obtint
nous obtenions	nous obtiendrons	nous ---ions	
vous obteniez	vous obtiendrez	vous ---iez	
ils/elles obtenaient	ils/elles obtiendront	ils/elles ---aient	ils/elles obtinrent

offrir - to offer		for English tense meanings see pages 6 and 7
Impératif **Imperative**	**Présent** **Present**	**Passé composé** **Perfect**
	j'offre	j'ai offert
offre!	tu offres	tu as offert
	il offre	il a offert
	elle offre	elle a offert
	on offre	on a offert
offrons!	nous offrons	nous avons offert
offrez!	vous offrez	vous avez offert
	ils offrent	ils ont offert
	elles offrent	elles ont offert

Imparfait **Imperfect**	**Futur** **Future**	**Conditionnel** **Conditional**	**Passé simple** **Past Historic**
j'offrais	j'offrirai	j'offrirais	
tu offrais	tu offriras	tu offrirais	
il/elle/on offrait	il/elle/on offrira	il/elle/on offrirait	il/elle/on offrit
nous offrions	nous offrirons	nous offririons	
vous offriez	vous offrirez	vous offririez	
ils/elles offraient	ils/elles offriront	ils/elles offriraient	ils/elles offrirent

ouvrir - to open		for English tense meanings see pages 6 and 7
Impératif **Imperative**	**Présent** **Present**	**Passé composé** **Perfect**
	j'ouvre	j'ai ouvert
ouvre!	tu ouvres	tu as ouvert
	il ouvre	il a ouvert
	elle ouvre	elle a ouvert
	on ouvre	on a ouvert
ouvrons!	nous ouvrons	nous avons ouvert
ouvrez!	vous ouvrez	vous avez ouvert
	ils ouvrent	ils ont ouvert
	elles ouvrent	elles ont ouvert

Imparfait **Imperfect**	**Futur** **Future**	**Conditionnel** **Conditional**	**Passé simple** **Past Historic**
j'ouvrais	j'ouvrirai	j'*ouvri*rais	
tu ouvrais	tu ouvriras	tu *ouvri*rais	
il/elle/on ouvrait	il/elle/on ouvrira	il/elle/on ---ait	il/elle/on ouvrit
nous ouvrions	nous ouvrirons	nous ---ions	
vous ouvriez	vous ouvrirez	vous ---iez	
ils/elles ouvraient	ils/elles ouvriront	ils/elles ---aient	ils/elles ouvrirent

paraître - to appear, to seem		for English tense meanings see pages 6 and 7	
Impératif / *Imperative*	*Présent* / *Present*	*Passé composé* / *Perfect*	
	je parais	j'ai paru	
parais!	tu parais	tu as paru	
	il paraît	il a paru	
	elle paraît	elle a paru	
	on paraît	on a paru	
paraissons!	nous paraissons	nous avons paru	
paraissez!	vous paraissez	vous avez paru	
	ils paraissent	ils ont paru	
	elles paraissent	elles ont paru	
Imparfait / *Imperfect*	*Futur* / *Future*	*Conditionnel* / *Conditional*	*Passé simple* / *Past Historic*
je paraissais	je paraîtrai	je *paraîtr*ais	
tu paraissais	tu paraîtras	tu *paraîtr*ais	
il/elle/on paraissait	il/elle/on paraîtra	il/elle/on ---ait	il/elle/on parut
nous paraissions	nous paraîtrons	nous ---ions	
vous paraissiez	vous paraîtrez	vous ---iez	
ils/elles paraissaient	ils/elles paraîtront	ils/elles ---aient	ils/elles parurent

partir* - to leave		for English tense meanings see pages 6 and 7	
Impératif / *Imperative*	*Présent* / *Present*	*Passé composé* / *Perfect*	
	je pars	je suis parti(e)	
pars!	tu pars	tu es parti(e)	
	il part	il est parti	
	elle part	elle est partie	
	on part	on est parti	
partons!	nous partons	nous sommes parti(e)s	
partez!	vous partez	vous êtes parti(e)(s)	
	ils partent	ils sont partis	
	elles partent	elles sont parties	
Imparfait / *Imperfect*	*Futur* / *Future*	*Conditionnel* / *Conditional*	*Passé simple* / *Past Historic*
je partais	je partirai	je partirais	
tu partais	tu partiras	tu partirais	
il/elle/on partait	il/elle/on partira	il/elle/on partirait	il/elle/on partit
nous partions	nous partirons	nous partirions	
vous partiez	vous partirez	vous partiriez	
ils/elles partaient	ils/elles partiront	ils/elles partiraient	ils/elles partirent

| peindre - to paint | | for English tense meanings see pages 6 and 7 |

Impératif Imperative	Présent Present	Passé composé Perfect	
peins!	je peins tu peins il peint elle peint on peint	j'ai peint tu as peint il a peint elle a peint on a peint	
peignons! peignez!	nous peignons vous peignez ils peignent elles peignent	nous avons peint vous avez peint ils ont peint elles ont peint	

Imparfait Imperfect	Futur Future	Conditionnel Conditional	Passé simple Past Historic
je peignais tu peignais il/elle/on peignait nous peignions vous peigniez ils/elles peignaient	je peindrai tu peindras il/elle/on peindra nous peindrons vous peindrez ils/elles peindront	je peindrais tu peindrais il/elle/on ---ait nous ---ions vous ---iez ils/elles ---aient	il/elle/on peigna ils/elles peignèrent

| permettre - to allow | | for English tense meanings see pages 6 and 7 |

Impératif Imperative	Présent Present	Passé composé Perfect	
permets!	je permets tu permets il permet elle permet on permet	j'ai permis tu as permis il a permis elle a permis on a permis	
permettons! permettez!	nous permettons vous permettez ils permettent elles permettent	nous avons permis vous avez permis ils ont permis elles ont permis	

Imparfait Imperfect	Futur Future	Conditionnel Conditional	Passé simple Past Historic
je permettais tu permettais il/elle/on permettait nous permettions vous permettiez ils/elles permettaient	je permettrai tu permettras il/elle/on permettra nous permettrons vous permettrez ils/elles permettront	je permettrais tu permettrais il/elle/on ---ait nous ---ions vous ---iez ils/elles ---aient	il/elle/on permit ils/elles permirent

pleuvoir - to rain		for English tense meanings see pages 6 and 7	
Impératif / Imperative	*Présent* / Present	*Passé composé* / Perfect	
NONE	il pleut	il a plu	
Imparfait / Imperfect	*Futur* / Future	*Conditionnel* / Conditional	*Passé simple* / Past Historic
il pleuvait	il pleuvra	il pleuvrait	il plut

Pleuvoir only has an **il** form. It is sometimes called a defective verb.

pouvoir - to be able to		for English tense meanings see pages 6 and 7	
Impératif / Imperative	*Présent* / Present	*Passé composé* / Perfect	
NONE	je peux (puis-je?)	j'ai pu	
	tu peux	tu as pu	
	il peut	il a pu	
	elle peut	elle a pu	
	on peut	on a pu	
	nous pouvons	nous avons pu	
	vous pouvez	vous avez pu	
	ils peuvent	ils ont pu	
	elles peuvent	elles ont pu	
Imparfait / Imperfect	*Futur* / Future	*Conditionnel* / Conditional	*Passé simple* / Past Historic
je pouvais	je pourrai	je pourrais	
tu pouvais	tu pourras	tu pourrais	
il/elle/on pouvait	il/elle/on pourra	il/elle/on pourrait	il/elle/on put
nous pouvions	nous pourrons	nous pourrions	
vous pouviez	vous pourrez	vous pourriez	
ils/elles pouvaient	ils/elles pourront	ils/elles pourraient	ils/elles purent

prendre - to take   for English tense meanings see pages 6 and 7

Impératif Imperative	Présent Present	Passé composé Perfect	
	je prends	j'ai pris	
prends!	tu prends	tu as pris	
	il prend	il a pris	
	elle prend	elle a pris	
	on prend	on a pris	
prenons!	nous prenons	nous avons pris	
prenez!	vous prenez	vous avez pris	
	ils prennent	ils ont pris	
	elles prennent	elles ont pris	

Imparfait Imperfect	Futur Future	Conditionnel Conditional	Passé simple Past Historic
je prenais	je prendrai	je prendrais	
tu prenais	tu prendras	tu prendrais	
il/elle/on prenait	il/elle/on prendra	il/elle/on ---ait	il/elle/on prit
nous prenions	nous prendrons	nous ---ions	
vous preniez	vous prendrez	vous ---iez	
ils/elles prenaient	ils/elles prendront	ils/elles ---aient	ils/elle prirent

prévenir - to warn, to inform   for English tense meanings see pages 6 and 7

Impératif Imperative	Présent Present	Passé composé Perfect	
	je préviens	j'ai prévenu	
préviens!	tu préviens	tu as prévenu	
	il prévient	il a prévenu	
	elle prévient	elle a prévenu	
	on prévient	on a prévenu	
prévenons!	nous prévenons	nous avons prévenu	
prévenez!	vous prévenez	vous avez prévenu	
	ils préviennent	ils ont prévenu	
	elles préviennent	elles ont prévenu	

Imparfait Imperfect	Futur Future	Conditionnel Conditional	Passé simple Past Historic
je prévenais	je préviendrai	je préviendrais	
tu prévenais	tu préviendras	tu préviendrais	
il/elle/on prévenait	il/elle/on préviendra	il/elle/on ---ait	il/elle/on prévint
nous prévenions	nous préviendrons	nous ---ions	
vous préveniez	vous préviendrez	vous ---iez	
ils/elles prévenaient	ils/elles préviendront	ils/elles ---aient	ils/elles prévinrent

recevoir - to receive		for English tense meanings see pages 6 and 7
Impératif *Imperative*	**Présent** *Present*	**Passé composé** *Perfect*
	je reçois	j'ai reçu
reçois!	tu reçois	tu as reçu
	il reçoit	il a reçu
	elle reçoit	elle a reçu
	on reçoit	on a reçu
recevons!	nous recevons	nous avons reçu
recevez!	vous recevez	vous avez reçu
	ils reçoivent	ils ont reçu
	elles reçoivent	elles ont reçu

Imparfait *Imperfect*	**Futur** *Future*	**Conditionnel** *Conditional*	**Passé simple** *Past Historic*
je recevais	je recevrai	je *recev*rais	
tu recevais	tu recevras	tu *recev*rais	
il/elle/on recevait	il/elle/on recevra	il/elle/on ---ait	il/elle/on reçut
nous recevions	nous recevrons	nous ---ions	
vous receviez	vous recevrez	vous ---iez	
ils/elles recevaient	ils/elles recevront	ils/elles ---aient	ils/elles reçurent

reconnaître - to recognise		for English tense meanings see pages 6 and 7
Impératif *Imperative*	**Présent** *Present*	**Passé composé** *Perfect*
	je reconnais	j'ai reconnu
reconnais!	tu reconnais	tu as reconnu
	il reconnaît	il a reconnu
	elle reconnaît	elle a reconnu
	on reconnaît	on a reconnu
reconnaissons!	nous reconnaissons	nous avons reconnu
reconnaissez!	vous reconnaissez	vous avez reconnu
	ils reconnaissent	ils ont reconnu
	elles reconnaissent	elles ont reconnu

Imparfait *Imperfect*	**Futur** *Future*	**Conditionnel** *Conditional*	**Passé simple** *Past Historic*
je reconnaissais	je reconnaîtrai	je *reconnaît*rais	
tu reconnaissais	tu reconnaîtras	tu *reconnaît*rais	
il/elle/on reconnaissait	il/elle/on reconnaîtra	il/elle/on ---ait	il/elle/on reconnut
nous reconnaissions	nous reconnaîtrons	nous ---ions	
vous reconnaissiez	vous reconnaîtrez	vous ---iez	
ils reconnaissaient	ils reconnaîtront	ils ---aient	ils reconnurent
elles reconnaissaient	elles reconnaîtront	elles ---aient	elles reconnurent

repartir* - to leave again		for English tense meanings see pages 6 and 7	
Impératif *Imperative*	*Présent* *Present*	*Passé composé* *Perfect*	
	je repars	je suis reparti(e)	
repars!	tu repars	tu es reparti(e)	
	il repart	il est reparti	
	elle repart	elle est repartie	
	on repart	on est reparti	
repartons!	nous repartons	nous sommes reparti(e)s	
repartez!	vous repartez	vous êtes reparti(e)(s)	
	ils repartent	ils sont repartis	
	elles repartent	elles sont reparties	
Imparfait *Imperfect*	*Futur* *Future*	*Conditionnel* *Conditional*	*Passé simple* *Past Historic*
je repartais	je repartirai	je *repartir*ais	
tu repartais	tu repartiras	tu *repartir*ais	
il/elle/on repartait	il/elle/on repartira	il/elle/on ---ait	il/elle/on repartit
nous repartions	nous repartirons	nous ---ions	
vous repartiez	vous repartirez	vous ---iez	
ils/elles repartaient	ils/elles repartiront	ils/elles ---aient	ils/elles repartirent

reprendre - to take back, to resume		for English tense meanings see pages 6 and 7	
Impératif *Imperative*	*Présent* *Present*	*Passé composé* *Perfect*	
	je reprends	j'ai repris	
reprends!	tu reprends	tu as repris	
	il reprend	il a repris	
	elle reprend	elle a repris	
	on reprend	on a repris	
reprenons!	nous reprenons	nous avons repris	
reprenez!	vous reprenez	vous avez repris	
	ils reprennent	ils ont repris	
	elles reprennent	elles ont repris	
Imparfait *Imperfect*	*Futur* *Future*	*Conditionnel* *Conditional*	*Passé simple* *Past Historic*
je reprenais	je reprendrai	je *reprendr*ais	
tu reprenais	tu reprendras	tu *reprendr*ais	
il/elle/on reprenait	il/elle/on reprendra	il/elle/on ---ait	il/elle/on reprit
nous reprenions	nous reprendrons	nous ---ions	
vous repreniez	vous reprendrez	vous ---iez	
ils/elles reprenaient	ils/elles reprendront	ils/elles ---aient	ils/elles reprirent

retenir - to hold back, to keep		for English tense meanings see pages 6 and 7
Impératif / **Imperative**	**Présent** / **Present**	**Passé composé** / **Perfect**
	je retiens	j'ai retenu
retiens!	tu retiens	tu as retenu
	il retient	il a retenu
	elle retient	elle a retenu
	on retient	on a retenu
retenons!	nous retenons	nous avons retenu
retenez!	vous retenez	vous avez retenu
	ils retiennent	ils ont retenu
	elles retiennent	elles ont retenu

Imparfait / **Imperfect**	**Futur** / **Future**	**Conditionnel** / **Conditional**	**Passé simple** / **Past Historic**
je retenais	je retiendrai	je retiendrais	
tu retenais	tu retiendras	tu retiendrais	
il/elle/on retenait	il/elle/on retiendra	il/elle/on ---ait	il/elle/on retint
nous retenions	nous retiendrons	nous ---ions	
vous reteniez	vous retiendrez	vous ---iez	
ils/elles retenaient	ils/elles retiendront	ils/elles ---aient	ils/elles retinrent

revenir* - to come back, to return		for English tense meanings see pages 6 and 7
Impératif / **Imperative**	**Présent** / **Present**	**Passé composé** / **Perfect**
	je reviens	je suis revenu(e)
reviens!	tu reviens	tu es revenu(e)
	il revient	il est revenu
	elle revient	elle est revenue
	on revient	on est revenu
revenons!	nous revenons	nous sommes revenu(e)s
revenez!	vous revenez	vous êtes revenu(e)(s)
	ils reviennent	ils sont revenus
	elles reviennent	elles sont revenues

Imparfait / **Imperfect**	**Futur** / **Future**	**Conditionnel** / **Conditional**	**Passé simple** / **Past Historic**
je revenais	je reviendrai	je reviendrais	
tu revenais	tu reviendras	tu reviendrais	
il/elle/on revenait	il/elle/on reviendra	il/elle/on ---ait	il/elle/on revint
nous revenions	nous reviendrons	nous ---ions	
voue reveniez	vous reviendrez	vous ---iez	
ils/elles revenaient	ils/elles reviendront	ils/elles ---aient	ils/elles revinrent

rire - to laugh		for English tense meanings see pages 6 and 7
Impératif *Imperative*	*Présent* *Present*	*Passé composé* *Perfect*
  ris! rions! riez!	je ris tu ris il rit elle rit on rit nous rions vous riez ils rient elles rient	j'ai ri tu as ri il a ri elle a ri on a ri nous avons ri vous avez ri ils ont ri elles ont ri

Imparfait *Imperfect*	*Futur* *Future*	*Conditionnel* *Conditional*	*Passé simple* *Past Historic*
je riais tu riais il/elle/on riait nous riions vous riiez ils/elles riaient	je rirai tu riras il/elle/on rira nous rirons vous rirez ils/elles riront	je rirais tu rirais il/elle/on rirait nous ririons vous ririez ils/elles riraient	 il/elle/on rit ils/elles rirent

savoir - to know (a fact, how to do sthg)		for English tense meanings see pages 6 and 7
Impératif *Imperative*	*Présent* *Present*	*Passé composé* *Perfect*
  sache! sachons! sachez!	je sais tu sais il sait elle sait on sait nous savons vous savez ils savent elles savent	j'ai su tu as su il a su elle a su on a su nous avons su vous avez su ils ont su elles ont su

Imparfait *Imperfect*	*Futur* *Future*	*Conditionnel* *Conditional*	*Passé simple* *Past Historic*
je savais tu savais il/elle/on savait nous savions vous saviez ils/elles savaient	je saurai tu sauras il/elle/on saura nous saurons vous saurez ils/elles sauront	je saurais tu saurais il/elle/on saurait nous saurions vous sauriez ils/elles sauraient	 il/elle/on sut ils/elles surent

sentir - to smell		for English tense meanings see pages 6 and 7	
Impératif *Imperative*	*Présent* *Present*	*Passé composé* *Perfect*	
sens!	je sens tu sens il sent elle sent on sent	j'ai senti tu as senti il a senti elle a senti on a senti	
sentons! sentez!	nous sentons vous sentez ils sentent elles sentent	nous avons senti vous avez senti ils ont senti elles ont senti	
Imparfait *Imperfect*	*Futur* *Future*	*Conditionnel* *Conditional*	*Passé simple* *Past Historic*
je sentais tu sentais il/elle/on sentait nous sentions vous sentiez ils/elles sentaient	je sentirai tu sentiras il/elle/on sentira nous sentirons vous sentirez ils/elles sentiront	je sentirais tu sentirais il/elle/on sentirait nous sentirions vous sentiriez ils/elles sentiraient	il/elle/on sentit ils/elles sentirent

se sentir* - to feel (ill, well etc)		for English tense meanings see pages 6 and 7	
Impératif *Imperative*	*Présent* *Present*	*Passé composé* *Perfect*	
sens-toi!	je me sens tu te sens il se sent elle se sent on se sent	je me suis senti(e) tu t'es senti(e) il s'est senti elle s'est sentie on s'est senti	
sentons-nous! sentez-vous!	nous nous sentons vous vous sentez ils se sentent elles se sentent	nous nous sommes senti(e)s vous vous êtes senti(e)(s) ils se sont sentis elles se sont senties	
Imparfait *Imperfect*	*Futur* *Future*	*Conditionnel* *Conditional*	*Passé simple* *Past Historic*
je me sentais tu te sentais il/elle/on se sentait nous nous sentions vous vous sentiez ils/elles se sentaient	je me sentirai tu te sentiras il/elle/on se sentira nous nous sentirons vous vous sentirez ils/elles se sentiront	je me *senti*rais tu te *senti*rais il/elle/on se ---ait nous nous ---ions vous vous ---iez ils/elles se ---aient	il/elle/on se sentit ils/elles se sentirent

servir, se servir   *Irregular Verbs*

servir - to serve		for English tense meanings see pages 6 and 7
Impératif / **Imperative**	**Présent** / **Present**	**Passé composé** / **Perfect**
	je sers	j'ai servi
sers!	tu sers	tu as servi
	il sert	il a servi
	elle sert	elle a servi
	on sert	on a servi
servons!	nous servons	nous avons servi
servez!	vous servez	vous avez servi
	ils servent	ils ont servi
	elles servent	elles ont servi

Imparfait / **Imperfect**	**Futur** / **Future**	**Conditionnel** / **Conditional**	**Passé simple** / **Past Historic**
je servais	je servirai	je servirais	
tu servais	tu serviras	tu servirais	
il/elle/on servait	il/elle/on servira	il/elle/on servirait	il/elle/on servit
nous servions	nous servirons	nous servirions	
vous serviez	vous servirez	vous serviriez	
ils/elles servaient	ils/elles serviront	ils/elles serviraient	ils/elles servirent

se servir* - to help oneself, (+ de) to use		for English tense meanings see 6 and 7
Impératif / **Imperative**	**Présent** / **Present**	**Passé composé** / **Perfect**
	je me sers	je me suis servi(e)
sers-toi!	tu te sers	tu t'es servi(e)
	il se sert	il s'est servi
	elle se sert	elle s'est servie
	on se sert	on s'est servi
servons-nous!	nous nous servons	nous nous sommes servi(e)s
servez-vous!	vous vous servez	vous vous êtes servi(e)(s)
	ils se servent	ils se sont servis
	elles se servent	elles se sont servies

Imparfait / **Imperfect**	**Futur** / **Future**	**Conditionnel** / **Conditional**	**Passé simple** / **Past Historic**
je me servais	je me servirai	je me servirais	
tu te servais	tu te serviras	tu te servirais	
il/elle/on se servait	il/elle/on se servira	il/elle/on se ---ait	il/elle/on se servit
nous nous servions	nous nous servirons	nous nous ---ions	
vous vous serviez	vous vous servirez	vous vous ---iez	
ils/elles se servaient	ils/elles se serviront	ils/elles se ---aient	ils/elles se servirent

58

sortir* - to go out — for English tense meanings see pages 6 and 7

Impératif / Imperative	Présent / Present	Passé composé / Perfect
	je sors	je suis sorti(e)
sors!	tu sors	tu es sorti(e)
	il sort	il est sorti
	elle sort	elle est sortie
	on sort	on est sorti
sortons!	nous sortons	nous sommes sorti(e)s
sortez!	vous sortez	vous êtes sorti(e)(s)
	ils sortent	ils sont sortis
	elles sortent	elles sont sorties

Imparfait / Imperfect	Futur / Future	Conditionnel / Conditional	Passé simple / Past Historic
je sortais	je sortirai	je sortirais	
tu sortais	tu sortiras	tu sortirais	
il/elle/on sortait	il/elle/on sortira	il/elle/on sortirait	il/elle/on sortit
nous sortions	nous sortirons	nous sortirions	
vous sortiez	vous sortirez	vous sortiriez	
ils/elles sortaient	ils/elles sortiront	ils/elles sortiraient	ils/elles sortirent

souffrir - to suffer — for English tense meanings see pages 6 and 7

Impératif / Imperative	Présent / Present	Passé composé / Perfect
	je souffre	j'ai souffert
souffre!	tu souffres	tu as souffert
	il souffre	il a souffert
	elle souffre	elle a souffert
	on souffre	on a souffert
souffrons!	nous souffrons	nous avons souffert
souffrez!	vous souffrez	vous avez souffert
	ils souffrent	ils ont souffert
	elles souffrent	elles ont souffert

Imparfait / Imperfect	Futur / Future	Conditionnel / Conditional	Passé simple / Past Historic
je souffrais	je souffrirai	je souffrirais	
tu souffrais	tu souffriras	tu souffrirais	
il/elle/on souffrait	il/elle/on souffrira	il/elle/on ---ait	il/elle/on souffrit
nous souffrions	nous souffrirons	nous ---ions	
vous souffriez	vous souffrirez	vous ---iez	
ils/elles souffraient	ils/elles souffriront	ils/elles ---aient	ils/elles souffrirent

sourire - to smile   for English tense meanings see pages 6 and 7

Impératif / Imperative	Présent / Present	Passé composé / Perfect	
souris!	je souris	j'ai souri	
	tu souris	tu as souri	
	il sourit	il a souri	
	elle sourit	elle a souri	
	on sourit	on a souri	
sourions!	nous sourions	nous avons souri	
souriez!	vous souriez	vous avez souri	
	ils sourient	ils ont souri	
	elles sourient	elles ont souri	

Imparfait / Imperfect	Futur / Future	Conditionnel / Conditional	Passé simple / Past Historic
je souriais	je sourirai	je sourirais	
tu souriais	tu souriras	tu sourirais	
il/elle/on souriait	il/elle/on sourira	il/elle/on ---ait	il/elle/on sourit
nous souriions	nous sourirons	nous ---ions	
vous souriiez	vous sourirez	vous ---iez	
ils/elles souriaient	ils/elles souriront	ils/elles ---aient	ils/elles sourirent

se souvenir (de) - to remember   for English tense meanings see pages 6 and 7

Impératif / Imperative	Présent / Present	Passé composé / Perfect	
souviens-toi!	je me souviens	je me suis souvenu(e)	
	tu te souviens	tu t'es souvenu(e)	
	il se souvient	il s'est souvenu	
	elle se souvient	elle s'est souvenue	
	on se souvient	on s'est souvenu	
souvenons-nous!	nous nous souvenons	nous nous sommes souvenu(e)s	
souvenez-vous!	vous vous souvenez	vous vous êtes souvenu(e)(s)	
	ils se souviennent	ils se sont souvenus	
	elles se souviennent	elles se sont souvenues	

Imparfait / Imperfect	Futur / Future	Conditionnel / Conditional	Passé simple / Past Historic
je me souvenais	je me souviendrai	je me souviendrais	
tu te souvenais	tu te souviendras	tu te souviendrais	
il/elle/on se souvenait	il/elle se souviendra	il/elle/on se ---ait	il/elle/on se souvint
nous nous souvenions	nous nous souviendrons	nous nous ---ions	
vous vous souveniez	vous vous souviendrez	vous vous ---iez	
ils/elles se souvenaient	ils se souviendront	ils/elles se ---aient	ils/elles se souvinrent

suivre - to follow		for English tense meanings see pages 6 and 7
Impératif **Imperative**	*Présent* **Present**	*Passé composé* **Perfect**
	je suis	j'ai suivi
suis!	tu suis	tu as suivi
	il suit	il a suivi
	elle suit	elle a suivi
	on suit	on a suivi
suivons!	nous suivons	nous avons suivi
suivez!	vous suivez	vous avez suivi
	ils suivent	ils ont suivi
	elles suivent	elles ont suivi

Imparfait **Imperfect**	*Futur* **Future**	*Conditionnel* **Conditional**	*Passé simple* **Past Historic**
je suivais	je suivrai	je suivrais	
tu suivais	tu suivras	tu suivrais	
il/elle/on suivait	il/elle/on suivra	il/elle/on suivrait	il/elle/on suivit
nous suivions	nous suivrons	nous suivrions	
vous suiviez	vous suivrez	vous suivriez	
ils/elles suivaient	ils/elles suivront	ils/elles suivraient	ils/elles suivirent

surprendre - to surprise		for English tense meanings see pages 6 and 7
Impératif **Imperative**	*Présent* **Present**	*Passé composé* **Perfect**
	je surprends	j'ai surpris
surprends!	tu surprends	tu as surpris
	il surprend	il a surpris
	elle surprend	elle a surpris
	on surprend	on a surpris
surprenons!	nous surprenons	nous avons surpris
surprenez!	vous surprenez	vous avez surpris
	ils surprennent	ils ont surpris
	elles surprennent	elles ont surpris

Imparfait **Imperfect**	*Futur* **Future**	*Conditionnel* **Conditional**	*Passé simple* **Past Historic**
je surprenais	je surprendrai	je *surprend*rais	
tu surprenais	tu surprendras	tu *surprend*rais	
il/elle/on surprenait	il/elle/on surprendra	il/elle/on ---ait	il/elle/on surprit
nous surprenions	nous surprendrons	nous ---ions	
vous surpreniez	vous surprendrez	vous ---iez	
ils/elles surprenaient	ils/elles surprendront	ils/elles ---aient	ils/elles surprirent

tenir - to hold, to keep   for English tense meanings see pages 6 and 7

Impératif Imperative	Présent Present	Passé composé Perfect	
tiens!	je tiens tu tiens il tient elle tient on tient	j'ai tenu tu as tenu il a tenu elle a tenu on a tenu	
tenons! tenez!	nous tenons vous tenez ils tiennent elles tiennent	nous avons tenu vous avez tenu ils ont tenu elles ont tenu	

Imparfait Imperfect	Futur Future	Conditionnel Conditional	Passé simple Past Historic
je tenais tu tenais il/elle/on tenait nous tenions vous teniez ils/elles tenaient	je tiendrai tu tiendras il/elle/on tiendra nous tiendrons vous tiendrez ils/elles tiendront	je *tiend*rais tu *tiend*rais il/elle/on ---ait nous ---ions vous ---iez ils/elles ---aient	il/elle/on tint ils/elles tinrent

se tenir* - to stand   for English tense meanings see pages 6 and 7

Impératif Imperative	Présent Present	Passé composé Perfect	
tiens-toi!	je me tiens tu te tiens il se tient elle se tient on se tient	je me suis tenu(e) tu t'es tenu(e) il s'est tenu elle s'est tenue on s'est tenu	
tenons-nous! tenez-vous!	nous nous tenons vous vous tenez ils se tiennent elles se tiennent	nous nous sommes tenu(e)s vous vous êtes tenu(e)(s) ils se sont tenus elles se sont tenues	

Imparfait Imperfect	Futur Future	Conditionnel Conditional	Passé simple Past Historic
je me tenais tu te tenais il/elle/on se tenait nous nous tenions vous vous teniez ils/elles se tenaient	je me tiendrai tu te tiendras il/elle/on se tiendra nous nous tiendrons vous vous tiendrez ils/elles se tiendront	je me *tiend*rais tu te *tiend*rais il/elle/on se ---ait nous nous ---ions vous vous ---iez ils/elles se ---aient	il/elle/on se tint ils/elles se tinrent

venir* - to come		for English tense meanings see pages 6 and 7
Impératif / *Imperative*	**Présent** / *Present*	**Passé composé** / *Perfect*
	je viens	je suis venu(e)
viens!	tu viens	tu es venu(e)
	il vient	il est venu
	elle vient	elle est venue
	on vient	on est venu
venons!	nous venons	nous sommes venu(e)s
venez!	vous venez	vous êtes venu(e)(s)
	ils viennent	ils sont venus
	elles viennent	elles sont venues

Imparfait / *Imperfect*	**Futur** / *Future*	**Conditionnel** / *Conditional*	**Passé simple** / *Past Historic*
je venais	je viendrai	je viendrais	
tu venais	tu viendras	tu viendrais	
il/elle/on venait	il/elle/on viendra	il/elle/on ---ait	il/elle/on vint
nous venions	nous viendrons	nous ---ions	
vous veniez	vous viendrez	vous ---iez	
ils/elles venaient	ils/elles viendront	ils/elles ---aient	ils/elles vinrent

vivre - to live, to be alive		for English tense meanings see pages 6 and 7
Impératif / *Imperative*	**Présent** / *Present*	**Passé composé** / *Perfect*
	je vis	j'ai vécu
vis!	tu vis	tu as vécu
	il vit	il a vécu
	elle vit	elle a vécu
	on vit	on a vécu
vivons!	nous vivons	nous avons vécu
vivez!	vous vivez	vous avez vécu
	ils vivent	ils ont vécu
	elles vivent	elles ont vécu

Imparfait / *Imperfect*	**Futur** / *Future*	**Conditionnel** / *Conditional*	**Passé simple** / *Past Historic*
je vivais	je vivrai	je vivrais	
tu vivais	tu vivras	tu vivrais	
il/elle/on vivait	il/elle/on vivra	il/elle/on vivrait	il/elle/on vécut
nous vivions	nous vivrons	nous vivrions	
vous viviez	vous vivrez	vous vivriez	
ils/elles vivaient	ils/elles vivront	ils/elles vivraient	ils/elles vécurent

voir - to see		for English tense meanings see pages 6 and 7
Impératif **Imperative**	**Présent** **Present**	**Passé composé** **Perfect**
vois!	je vois tu vois il voit elle voit on voit	j'ai vu tu as vu il a vu elle a vu on a vu
voyons! voyez!	nous voyons vous voyez ils voient elles voient	nous avons vu vous avez vu ils ont vu elles ont vu

Imparfait **Imperfect**	**Futur** **Future**	**Conditionnel** **Conditional**	**Passé simple** **Past Historic**
je voyais tu voyais il/elle/on voyait nous voyions vous voyiez ils/elles voyaient	je verrai tu verras il/elle/on verra nous verrons vous verrez ils/elles verront	je verrais tu verrais il/elle/on verrait nous verrions vous verriez ils/elles verraient	il/elle/on vit ils/elles virent

vouloir - to want, to wish		for English tense meanings see pages 6 and 7
Impératif **Imperative**	**Présent** **Present**	**Passé composé** **Perfect**
veuille!	je veux tu veux il veut elle veut on veut	j'ai voulu tu as voulu il a voulu elle a voulu on a voulu
veuillons! veuillez!	nous voulons vous voulez ils veulent elles veulent	nous avons voulu vous avez voulu ils ont voulu elles ont voulu

Imparfait **Imperfect**	**Futur** **Future**	**Conditionnel** **Conditional**	**Passé simple** **Past Historic**
je voulais tu voulais il/elle/on voulait nous voulions vous vouliez ils/elles voulaient	je voudrai tu voudras il/elle/on voudra nous voudrons vous voudrez ils/elles voudront	je voudrais tu voudrais il/elle/on ---ait nous ---ions vous ---iez ils/elles ---aient	il/elle/on voulut ils/elles voulurent

SECTION 4 - FRENCH - ENGLISH INDEX

The page references under 'Pg' show the page where the verb is printed. Regular -er verbs in this book are shown with page 13 as their page reference and the -er pattern is printed in full on page 12. For some verbs there is additional information on the pages given in italics after the English meanings.
See pages 6 and 7 for details of English Tense meanings.
To find a reflexive verb in the index, look under the first letter of the basic verb.

* verb takes **être** in perfect and pluperfect tenses
sthg = something   s.o. = someone

FRENCH	ENGLISH	Pg		FRENCH	ENGLISH	Pg
abandonner	to abandon	13		applaudir	to applaud	26
abîmer	to spoil	13		apporter	to bring (thing)	13
aboyer	to bark	24		apprendre (à)	to learn	10	29
accélérer	to accelerate	22		approcher	to put near	13
accepter	to accept	13		s'approcher de*	to approach	11	16
accompagner	to accompany	13		appuyer	to lean	24
accrocher	to hang up	13		arracher	to pull out (hair)	13
accueillir	to welcome	26	37		arranger	to arrange	18
acheter	to buy	21		arrêter	to arrest	16	13
achever	to finish	21		s'arrêter* (de)	to stop	11	16
admirer	to admire	13		arriver*	to arrive	1, 8, 14	14
adopter	to adopt	13		s'asseoir*	to sit down	4	30
adorer	to adore	10	13		assiérai, assiérais	see s'asseoir*	30
affliger	to afflict	18		assis	see s'asseoir*	30
agacer	to annoy	17		assister (à)	to be present at	13
agiter	to wave (hand)	13		s'assit, s'assirent	sat down	30
agrandir	to enlarge	26		attendre	to wait (for)	11	27
aider	to help	13		atterrir	to land (plane)	26
aie!	have!	30		attraper	to catch	13
aimer	to like, to love 9, 10	13		aurai, aurais	see avoir	30
ajouter	to add	13		avaler	to swallow	13
aller*	to go	1, 4, 10	29		avancer	to advance	17
allonger	to lengthen	16	18		avoir	to have	1, 2, 5, 14	30
s'allonger*	to lie down	16	18		ayez!	have!	30
allumer	to light, switch on	13		ayons!	let's have!	30
alunir	to land on the moon	26		se baigner*	to bathe	15
aménager	to fit out (room)	18		se balader*	to go for a walk	15
amener	to bring (person)	21		balayer	to sweep	23
amuser	to amuse	13		bâtir	to build	26
s'amuser*	to have a good time	16		battre	to beat	31
annoncer	to announce	17		bavarder	to chat	13
appeler	to call	20		blesser	to wound	13
s'appeler*	to be called	20		se blesser*	to injure oneself	15

FRENCH	ENGLISH		Pg	FRENCH	ENGLISH		Pg
dit, dirent	said		39	exercer	to exercise		17
divorcer	to get divorced		17	exiger	to demand		18
dois, doit	see devoir		39	exister	to exist		13
donner	to give		13	expliquer	to explain		13
dormir	to sleep		40	exprimer	to express		13
doubler	to overtake		13	se fâcher*	to get angry		15
dû	see devoir		39	faire	to do, to make	9	43
durer	to last		13	falloir (il faut)	to have to	10	44
dut, durent	had to		39	fallut	had to		44
échanger	to exchange		18	fatiguer	to tire out		13
éclater	to burst		13	faudra, faudrait	see falloir		44
écouter	to listen to	11	13	faut	see falloir		44
écraser	to squash		13	faxer	to fax		13
écrire	to write	11	41	ferai, ferais	see faire		43
effacer	to erase		17	fermer	to close		13
embarrasser	to embarrass		13	finir (de)	to finish	1, 5, 11	26
embrasser	to embrace		13	fit, firent	did, made		43
emmener	to take with you		21	font	see faire		43
employer	to use		24	frapper	to hit, to knock		13
emporter	to take away		13	fréquenter	to go around with		13
emprunter	to borrow		13	froncer les sourcils	to frown		17
encourager	to encourage		18	fumer	to smoke		13
s'endormir*	to go to sleep		41	fut, furent	was, were		43
enfoncer	to push in		17	gagner	to win, to earn		13
s'engager*	to commit oneself		18	garder	to keep		13
enlever	to remove		21	geler	to freeze		21
ennuyer	to annoy	16	24	glisser	to slip		13
s'ennuyer*	to be bored	16, 24	25	goûter	to taste, to try		13
enregistrer	to record		13	grandir	to grow		26
enseigner	to teach		13	grincer	to creak		17
entendre	to hear		27	grogner	to grumble	11	13
entrer*	to come in	1	14	gronder	to scold		13
entretenir	to maintain		42	guider	to guide		13
envoyer	to send		25	s'habiller*	to get dressed		16
épouser	to marry		13	habiter	to live		13
espérer	to hope	10	22	héberger	to put up (guest)		18
essayer (de)	to try (to)	11	23	hésiter (à)	to hesitate	10	13
essuyer	to wipe		24	imaginer	to imagine		13
étais, était, été	see être		43	imiter	to imitate		13
éteignit, éteignirent	extinguished		42	indiquer	to point out		13
éteindre	to extinguish		42	informer	to inform		13
être	to be	2, 5, 14	43	inquiéter	to worry someone		22
étudier	to study		13	s'inquiéter*	to worry		22
eu	see avoir		30	s'intéresser* (à)	be interested in	11	16
eut, eurent	had		30	interroger	to question		18
éviter	to avoid		13	inventer	to invent		13
exagérer	to exaggerate		22	inviter	to invite		13
s'excuser*	to apologise		16	irai, irais	see aller*		29

SECTION 5 - ENGLISH - FRENCH INDEX

The page references under 'Pg' show the page where the verb is printed. Regular
-er verbs in this book are shown with page 13 as their page reference and the -er
pattern is printed in full on page 12. For some verbs there is additional information
on the pages given in italics after the English meanings.
See pages 6 and 7 for details of English Tense meanings.
To find a reflexive verb in the index, look under the first letter of the basic verb.

* verb takes être in perfect and pluperfect tenses
sthg = something   s.o. = someone

ENGLISH	FRENCH		Pg	ENGLISH	FRENCH		Pg
to abandon	*abandonner*		13	to be afraid of	*craindre*	*11*	36
to accelerate	*accélérer*		22	to be alive	*vivre*		63
to accept	*accepter*		13	to be bored	*s'ennuyer**	*16*	24
to accompany	*accompagner*		13	to be born	*naître**	*1*	47
to add	*ajouter*		13	to be called	*s'appeler**		20
to admire	*admirer*		13	been	*see être*		43
to adopt	*adopter*		13	to be interested in	*s'intéresser* (à)*	*11*	16
to adore	*adorer*	*10*	13	to be present at	*assister (à)*		13
to advance	*avancer*		17	to be situated	*se trouver**	*16*	15
to advise	*conseiller*		13	to beat	*battre*		31
to afflict	*affliger*		18	to become	*devenir**	*1*	38
to allow	*laisser*		13	to begin	*commencer (à)*	*10*	17
to allow	*permettre (de)*		50	to begin again	*recommencer*		17
to amuse	*amuser*		13	to believe (in)	*croire*		36
to announce	*annoncer*		17	to block	*coincer*		17
to announce	*déclarer*		13	to blow	*souffler*		13
to annoy	*agacer*		17	to blush	*rougir*		26
to annoy	*ennuyer*	*16*	24	to borrow	*emprunter*		13
to answer	*répondre*	*5*	27	bought	*see acheter*		21
to apologise	*s'excuser**		16	to break	*casser*		13
to appear	*paraître*		49	to break (arm)	*se casser**		15
to applaud	*applaudir*		26	to breathe	*respirer*		13
to approach	*s'approcher de**	*11*	16	to bring (person)	*amener*		21
to arrange	*arranger*		18	to bring (thing)	*apporter*		13
to arrest	*arrêter*	*16*	13	to bring back	*ramener*		21
to arrive	*arriver**	*1, 8*	14	to brush (hair)	*se brosser**		15
to ask	*demander (à) 10, 16*		13	to build	*bâtir*		26
ate	*see manger*		18	to build	*construire*		33
to avenge	*venger*		18	to burn	*brûler*		13
to avoid	*éviter*		13	to burst	*éclater*		13
to bark	*aboyer*		24	to buy	*acheter*		21
to bathe	*se baigner**		15	to calculate	*calculer*		13
to be	*être*	*2, 4, 5*	43	to call	*appeler*		20
to be·able to	*pouvoir*	*10*	51	to call s.o. 'tu'	*se tutoyer**		24

ENGLISH	FRENCH		Pg		ENGLISH	FRENCH		Pg
to redouble (effort)	redoubler		13		to sigh	soupirer		13
to refuse (to)	refuser (de)	11	13		to sing	chanter		13
to regret	regretter (de)	11	13		to sit down	s'asseoir*	4	30
to relieve	soulager		18		to sleep	dormir		40
to rely on	compter sur	10	13		slept	see dormir		40
to remain	demeurer		13		to slip	glisser		13
to remember	se rappeler*	16	20		to smell	sentir 11, 16, 26		57
to remember	se souvenir*(de)	11	60		to smile	sourire		60
to remind	rappeler	16	20		to smoke	fumer		13
to remove	enlever		21		to snow	neiger		18
to rent	louer		13		sold	see vendre		27
to repair	réparer		13		to sort out	régler		22
to repeat	répéter		22		to speak	parler	9	13
to replace	remplacer		17		to spend (money)	dépenser		13
to reply	répondre	5	27		to spend (time)	passer	10	13
to reply	répliquer		13		to spoil	abîmer		13
to reserve	réserver		13		spoke	see parler		13
to rest	se reposer*		15		spoken	see parler		13
to resume	reprendre		54		to squash	écraser		13
to return	revenir*	1	51		to squeeze	serrer		13
to reveal	révéler		22		to stand	se tenir*	16	62
to ring	sonner		13		to start to	se mettre* (à)	10	46
to risk	risquer		13		to stay	rester*	1	14
to run	courir		35		to stick (glue)	coller		13
to run away	se sauver*		15		to sting	piquer		13
to sack	renvoyer		25		stood	see se tenir*		62
said	see dire		39		to stop	s'arrêter* (de)	11	16
sat down	see s'asseoir*		30		to stop	cesser (de)	11	13
saw (to see)	see voir		64		to strengthen	renfacer		17
to say	dire	11	39		to study	étudier		13
to scold	gronder		13		to succeed (in)	réussir (à)	10	26
to see	voir	4	64		to suck	sucer		17
to seem	paraître		49		to suffer	souffrir	26	59
to seem	sembler		13		to suggest	proposer		13
seen	see voir		64		to suggest	suggérer		22
to seize	saisir		26		to sunbathe	se bronzer*		15
to sell	vendre		27		to suppose	supposer		13
to send	envoyer		25		to surprise	surprendre		61
sent	see envoyer		25		to surrender	se rendre*	16	28
to separate	séparer		13		to suspect	soupçonner		13
to serve	servir	26	58		to swallow	avaler		13
to settle	régler		22		to sweep	balayer		23
to sew	coudre		34		to swim	nager	10	18
to share	partager		18		to switch on	allumer		13
to shave	se raser*		15		to take	prendre	5	52
to shine (sun)	briller		13		to take away	emporter		13
to shout	crier		13		to take back	reprendre		54
to show	montrer		13		to take care of	soigner		13

English - French

English - French   Index

SECTION 6 - GRAMMAR INDEX

HOW TO FIND A VERB IN THIS BOOK

- Check the index:

- If the verb is not listed, in the index, follow these guidelines, which may help:

- Check the basic form of the infinitive. The verb may have a prefix such as:

and be a compound of a verb which is listed.

- If the verb is a newly invented or imported verb it will follow the regular -er pattern:

programmer, radioguider, synthéthiser, zigzaguer   see page 12

- Reflexive verbs are listed in the indexes under the first letter of the infinitive:

se promener   see page 21

Some verbs may be used both reflexively and non-reflexively (see page 16), but there is one important difference. When they are used reflexively they take être in the perfect tense:

je me suis levé(e)   *I got up*

See page 5 for the pattern showing the agreements of the past participle.

When they are used non-reflexively they usually take avoir in the perfect tense

j'ai levé   *I lifted*

- To make a verb negative   see page 8

- To make a verb into a question   see page 9

- To check the English meanings of a tense   see pages 6-7